PSICODRAMA BRASILEIRO

Dados Internacionais de Catalogação na Publicação (CIP)
(Câmara Brasileira do Livro, SP, Brasil)

Psicodrama brasileiro : história e memórias /
Júlia Maria Casulari Motta (org.) . — São Paulo : Ágora,
2008.

Vários autores.
Bibliografia
ISBN 978-85-7183-040-0

1. Psicodrama 2. Psicodrama - História 3. Sociodrama
I. Motta, Júlia Maria Casulari.

08-02474   CDD-150.198

Índices para catálogo sistemático:

1. Psicodrama : Método psicanalítico 150.198
2. Sociodrama : Método psicanalítico 150.198

Compre em lugar de fotocopiar.
Cada real que você dá por um livro recompensa seus autores
e os convida a produzir mais sobre o tema;
incentiva seus editores a encomendar, traduzir e publicar
outras obras sobre o assunto;
e paga aos livreiros por estocar e levar até você livros
para a sua informação e o seu entretenimento.
Cada real que você dá pela fotocópia não autorizada de um livro
financia o crime
e ajuda a matar a produção intelectual de seu país.

JÚLIA MARIA CASULARI MOTTA (org.)

PSICODRAMA BRASILEIRO
História e memórias

PSICODRAMA BRASILEIRO
História e memórias
Copyright © 2008 by autores
Direitos desta edição reservados por Summus Editorial

Editora executiva: **Soraia Bini Cury**
Assistentes editoriais: **Bibiana Leme e Martha Lopes**
Capa: **BuonoDisegno**
Projeto gráfico: **Casa de Idéias**
Diagramação: **Casa de Idéias**

Editora Ágora
Departamento editorial:
Rua Itapicuru, 613 – 7º andar
05006-000 – São Paulo – SP
Fone: (11) 3872-3322
Fax: (11) 3872-7476
http://www.editoraagora.com.br
e-mail: agora@editoraagora.com.br

Atendimento ao consumidor:
Summus Editorial
Fone: (11) 3865-9890

Vendas por atacado:
Fone: (11) 3873-8638
Fax: (11) 3873-7085
e-mail: vendas@summus.com.br

Impresso no Brasil

SUMÁRIO

Prefácio
Wilson Castello de Almeida 7

Prelúdio a título de apresentação
Júlia Maria Casulari Motta 11

I – Criando um cenário para a história brasileira
Júlia Maria Casulari Motta 15

**II – Da chegada à institucionalização
do movimento (1946 –1976)**
Júlia Maria Casulari Motta 23

III – Breve leitura histórica do psicodrama no Nordeste
Cybele Maria Rabelo Ramalho 55

IV – Ampliando nossa história por meio de outros atores
Júlia Maria Casulari Motta 81

V – O desenvolvimento da Febrap (1976 –1988) e a formação do campo e do habitus

Júlia Maria Casulari Motta 137

VI – Revendo as leis, mudando olhares, atualizando o movimento (1989 – 2007)

Júlia Maria Casulari Motta 151

VII – Panorama dos Congressos Brasileiros de Psicodrama

Lilian Rodrigues Tostes 167

VIII – Uma história da *Revista Brasileira de Psicodrama*: a viagem, com partida, algumas pequenas paradas e as estações futuras

Devanir Merengué 199

Reflexões a título de despedida

Júlia Maria Casulari Motta 213

PREFÁCIO

Wilson Castello de Almeida

O memorialista maior, Pedro Nava, declarou certa vez: "Memórias não acabam nunca".

Quando Julia nomeou-me prefaciador desta obra, a que chamou de *nossa*, minhas lembranças percorreram, em um átimo, toda a saga do movimento psicodramático brasileiro, que pude testemunhar e do qual, às vezes, pude participar com interesse e entusiasmo.

Figuras e fatos, personalidades e acontecimentos, desejos e realidade. Quantos propósitos se perderam e quantos se firmaram em uma trajetória antropofágica, tão a gosto da nossa cultura.

Comecei então a sugerir temas que não acabavam mais, deixando Júlia inquieta, prometendo um segundo volume para apaziguar-me, pois não havia tempo hábil para compor um esquema historiográfico maior. Maldita frase de Pedro Nava!

O leitor curioso perguntará sobre as sugestões que dei e, para atendê-lo, destaco uma, ainda que venha a repisar o já conhecido: sugeri, por exemplo, que o livro contivesse notícias e comentários sobre o Congresso de 1970 no Masp, com sua movimentação expressiva, que balançou a vida intelectual de São Paulo e permitiu ao psicodrama inserir-se na pauta das psicoterapias da época, ao lado da vetusta psicanálise de então. Esse é o momento psicodramático que mais me apaixona, pois o considero o ato fundador que não deve ser esquecido jamais.

No texto "Brasil 70 – Psicodrama antes e depois"[1], Antonio Carlos Cesarino dá excelente contribuição analítica.

> Em 1970, realizamos em São Paulo o V Congresso Internacional de Psicodrama e o I Congresso Internacional de Comunidades Terapêuticas. Foi a oportunidade de apresentar ao grande público o psicodrama... Pois bem, o movimento psicodramático foi um forte processo instituinte, criador, que com toda a pujança desejante de uma geração jovem veio modificar e até inverter não só o fluxo de demanda de atendimentos psicoterápicos, como trazer uma nova dimensão de pensamento psi, quebrando o setting sagrado da terapia entre quatro paredes... Privilegiava o trabalho de grupos e começava a se voltar também à alternativa moreniana do trabalho fora dos consultórios.

Outrossim, o mestre Cesarino nos interroga provocativamente:

> Desviamo-nos do caminho iniciado há 20 anos? Esquecemo-nos lentamente de sua finalidade inaugural? Estamos recolhendo forças e nos preparando cuidado-

---

[1] ALMEIDA, Wilson Castello de. *Grupos: a proposta do psicodrama*. São Paulo, Ágora, 1999.

samente para um novo vôo, agora cada vez mais com nossas próprias asas? Aceitamos sem questionamentos no modo pelo qual a história vai sendo feita, como se não houvesse nada a fazer? Ou vamos seguir o caminho proposto por Moreno, quando disse que o psicodrama quer "através de milhões de microrevoluções preparar a macrorevolução do futuro?"

Em sua tese de mestrado, Luís Henrique Alves resumiu de modo denso o significado político desse congresso:

> 1970 foi o ápice de uma época de proibições. O arbítrio da ditadura calava as manifestações culturais, artísticas e sindicais. Era o império do silêncio, a proibição do encontro entre pessoas. Mas, se a ditadura decretava o isolamento, aí (no Congresso) se organizava o encontro; se o poder impedia manifestações, a nova proposta insurgente (o psicodrama) as reconhecia e as estimulava; ao poder que impunha o fracionamento e a conspiração, o movimento psicodramático propunha a comunhão de indivíduos e o encontro–confronto direto entre os homens.

O psicodrama mostrou sua cara nesse aqui e agora congressual e nunca deveríamos perder essa identidade.

Herdamos o sonho da criatividade, o enlevo da espontaneidade, reunidos no conceito básico das psicoterapias de modo geral, compondo sua finalidade maior: a liberdade. A liberdade como característica do comportamento livre, da linguagem cotidiana; a liberdade como norma, valor, ideal, reflexão moral e política; a liberdade como modalidade fundamental do ser, da indagação filosófica. A liberdade como preocupação universal dos homens, dando-lhes condições de tomar consciência de si mesmo (Sócrates, Freud) e de sua situação no mundo (Sartre, J. L. Moreno).

O tempo afasta-nos do marco fundador, mas também registra em seus escaninhos a lucidez e a coragem dos que pretenderam oxigenar, iluminar e superar estruturas cristalizadas. Esse tipo de desafio não desapareceu, continua impertinente, cutucando nossa *má consciência*.

Os dados levantados neste livro primoroso compõem a narrativa que aproxima a verdade fixada no passado aos fatos contemporâneos ainda repletos de sonhos do presente.

Memórias são imperativos proustianos, correndo atrás de um mundo afetivo fadado a perder-se nas brumas da eternidade.

História é o espaço intelectual de registro metódico de acontecimentos ocorridos na vida das comunidades humanas.

Aqui estão o historial e o memorial de Júlia Casulari Motta. Não há nostalgias nem pieguices. Cada palavra, cada linha, cada parágrafo suscitará reminiscências estimulantes e construirá perspectivas ainda possíveis.

Ao cruzar pelas vivências psicodramáticas, alguma coisa acontece em nosso coração: fica-nos uma visão de mundo mais romântica e bem-humorada, mas também reflexivamente mais séria e socialmente mais comprometida.

Que ao mergulhar nas memórias e histórias do psicodrama nosso pensamento se abra na plenitude das crianças cobiçosas, desejosas de saber mais sobre o que ficou nas entrelinhas misteriosas.

Parabéns, caríssima Júlia!

PRELÚDIO A TÍTULO DE APRESENTAÇÃO

Júlia Maria Casulari Motta

A idéia deste livro surgiu durante uma pesquisa sobre o psicodrama brasileiro desenvolvida por mim no processo de pós-doutoramento em Psicologia Social, no Núcleo de Estudos de História da Psicologia – NEHPSI-PUCSP. As posições socio-históricas defendidas aqui têm muito de minha convivência com a coordenadora do NEHPSI, Maria do Carmo Guedes, que orientou meu estágio de pós-doc. A ela meus sinceros agradecimentos e votos de que veja neste trabalho uma pequena homenagem.

Meu primeiro desejo foi tê-lo concluído para as comemorações dos trinta anos da Febrap (1976–2006), o que não foi possível. No entanto, seu lançamento no XVI Congresso Brasileiro de Psicodrama traz o enriquecimento significativo dos textos dos colegas Lílian Rodrigues Tostes, que escreve sobre os Congressos Brasileiros de Psicodrama, Cybele Maria Rabelo Ramalho, que nos brinda com a história do psicodrama no Norte/ Nordeste, e Devanir Merengué, que nos conta a história da *Revista Brasileira de Psicodrama*, da qual é o atual editor. Traz, ainda, um capítulo especial em que recolho as narrativas de alguns colegas que vêm participando da construção da história nos diferentes estados brasileiros. Cada um deles merecia um capítulo, mas por enquanto pude apenas registrar seus feitos por meio desses depoimentos. Para falar sobre Goiás, convidei Geraldo Amaral e Silvamir Alves; de Brasília, Eveline Cascardo e Marlene Marra compartilham suas memórias; para registrar a história no Paraná temos Neli K. Valle e Marisa Silva; Suzana Duclós escreve sobre a história em Santa Catarina, e, para falar sobre o Rio Grande do Sul, Marta Echenique. Também contamos um pouco da história do uso do vídeo no psicodrama com o trabalho pioneiro de Ronaldo Pamplona e Carlos Borba. A iniciativa de Regina (Reo) Monteiro e os primeiros psicodramas públicos está registrada, assim como a do teatro Daimon, palco de muitos eventos durante seus trinta anos de existência, narrada por José Fonseca. Para finalizar esta pequena e incompleta viagem, apresento as memórias de Antônio Cesarino sobre o Congresso do 1970 e o pioneirismo do trabalho no Centro Cultural São Paulo. Estão também presentes entrevistas com os ex-presidentes da Febrap.

Para finalizar, como primeiro leitor contribuinte, por meio de leitura comentada, o mineiro contador de histórias Wilson Castello de Almeida aponta pontos de reflexão.

Sei que tudo isso não é suficiente, que nossa *história e memórias* são ricas e extensas, mas este livro, como primeiro tomo, é um esforço estimulante a outros volumes.

Aos colegas e amigos meus agradecimentos e a certeza de que suas contribuições tornaram a obra o resultado de um esforço coletivo de ampliação da história e das memórias do movimento psicodramático brasileiro. Também à psicodramatista Ester Esteves meus agradecimentos pela leitura cuidadosa e enriquecedora que fez das dificuldades com o português nas narrativas.

Quero deixar registrado que não excluí pessoas ou escolas federadas de psicodrama intencionalmente, mas por limites necessários impostos por uma obra gráfica. Nas negociações com a editora precisamos limitar o número de páginas para que o livro seja didático, em preço e complexidade. Por tanto, os critérios sociométricos na constituição das margens deste primeiro volume foram operacionais.

Trabalhamos para que este livro nascesse como uma obra simples mas promotora de reflexões, pequeno em número de páginas para que se tornasse acessível a todos e, por fim, nosso desejo de que não seja tomado como uma história universal, mas um possível olhar sobre nossa caminhada. Como socionomistas somos contadores de história e sabemos que a construção humana é sempre socio-histórica. Que, a cada visita que fazemos ao passado, reencontremos dados novos, olhares e fragmentos de memórias que nos tragam reflexões diferentes, mobilizadoras de desejos e sonhos renovados para a construção de novos projetos dramáticos. Assim, quando mudamos o olhar mudamos o foco e quando mudamos o foco mudamos o olhar, portanto, morenianamente, queremos ser contadores de histórias e promotores de novas histórias.

Estudar a história, visitá-la, criar uma narrativa sobre nossa trajetória é um *compromisso social, um compromisso político* que visa à construção do presente e do futuro do movimento psicodramático brasileiro.

Sei que não escutamos todos os colegas que participaram dessa história, sei também que muitos pensam diferente da versão aqui apresentada. Não pretendemos uma história hegemônica, isto é, uma única versão possível para os fatos, muito menos para as memórias, mas temos a utopia de mobilizar reflexões e animar novas produções.

Vamos conversar enquanto viajamos?

I

CRIANDO UM CENÁRIO PARA A HISTÓRIA BRASILEIRA

Júlia Maria Casulari Motta

Algumas questões inquietantes me estimulam a pesquisar nossa formação utilizando a memória de alguns construtores do campo e da história: *será a especialização em psicodrama a formação de uma profissão ou seremos somente o adjetivo de uma profissão? Qual o perfil do profissional psicodramatista se o psicodrama atrai diferentes perfis? E o que acrescenta ao perfil desses profissionais?*

Responder a essas perguntas é mais um motivo para pesquisar nossa trajetória, conhecer nossas estradas, nossos rumos e desvios em busca daquilo que poderá transformar o presente. Escrever sobre determinado movimento profissional é, necessariamente, buscar as relações deste com a cultura em que está inserido e da qual é parte constituinte. Ampliando mais as relações, é reconhecer que escrever sobre um campo profissional é criar uma narrativa sobre o desenvolvimento da modernidade e sua filiação ao movimento capitalista, porque todas as profissões, como estão hoje, compõem a história do desenvolvimento do capitalismo.

Para começar, proponho relembrar, em um breve panorama, o desenvolvimento das profissões e sua evolução ao longo dos tempos.

Em um corte cronológico, no século XV, com o desenvolvimento das grandes navegações, tiveram início as fábricas de embarcações, que podem ser consideradas as precursoras das indústrias e da Revolução Industrial que lhes segue. Antes da Primeira Revolução Industrial (1780–1860), as profissões mantinham o caráter de ofício e eram transmitidas oralmente de artesão para artesão. O conhecimento era propriedade do artesão e sua garantia, funcionando como uma *carteira de trabalho*. O patrão, dono da terra, dependia do trabalhador, que guardava consigo seus saberes. A Primeira Revolução esteve baseada na inovação das máquinas a vapor e a carvão e no uso do ferro como matéria-prima. Data de 1833 o *Factory Act*, espécie de declaração das primeiras leis fabris, fruto da medicina fabril. Isso mostra como as ciências da saúde estão ligadas ao mundo do trabalho, constituem o fazer humano e dele são constituídas. Mais adiante, veremos que no Brasil o psicodrama também chegou para cuidar, em primeiro lugar, do trabalho, do social.

Já a Segunda Revolução Industrial (1860–1914) veio com o aço, com a eletricidade, com as mudanças ocorridas com a Primeira Guerra Mundial. Esse período carrega consigo muitas transformações estruturais, criando o movimento a que chamamos de Modernidade (1900).

É interessante assinalar que, quanto à evolução das ciências, no século XVII, a evolução do conhecimento esteve centrada no desenvolvimento da compreensão da física. Já no século XVIII, foi a vez da química; no século XIX, a biologia ganhou seu quinhão, ficando para o século XX o tempo de impulso das ciências sociais e humanas.

A psicologia teve seu primeiro laboratório na Alemanha, com o médico filósofo Wundt (1860), e a psicologia clínica surgiu logo no início do século XX, com o médico S. Freud – sempre pautada no modelo da medicina, que já havia conquistado o *status* de profissão.

Em cada época, as profissões são as formas mais visíveis de manifestação das mudanças no conhecimento. O trabalho continua formando o papel de cidadão. Os saberes e poderes de cada época respondem pela formação do sujeito protagonista, isto é, o representante da intersubjetividade socio-histórica.

O médico Jacob Levy Moreno (1889–1976) criou toda a sua proposta socionômica durante o século XX, especialmente na primeira metade dele. Seu átomo social, tanto na Áustria quanto nos Estados Unidos, foi profundamente influenciado pelas duas Grandes Guerras, sendo que uma delas foi centrada na eliminação de grupos sociais, dentre eles o dos judeus, à qual pertencia sua família.

No início do século tivemos a Primeira Guerra Mundial (1914–1918), "feita para pôr fim a todas as guerras". Entretanto, além de causar o colapso de quatro impérios, mudou de forma radical o mapa geopolítico da Europa e do Oriente Médio, mas não desenvolveu paz. Embora a assinatura do Tratado de Versalhes tenha encerrado o conflito, preparou o clima para a Segunda Guerra Mundial (1939–1945), quando vivemos a época mais sangrenta da história da humanidade. Com ela o líder alemão de origem austríaca Adolf Hitler, Führer do Terceiro Reich, pretendeu criar uma nova ordem na Europa, baseada nos princípios nazistas da suposta superioridade alemã. Usou para obter sua meta a exclusão/eliminação de algumas minorias étnicas e religiosas, como os judeus, os ciganos, os deficientes físicos e os homossexuais.

Moreno vinha de família judia e residiu em Viena durante parte do período das Grandes Guerras. Desde sua infância, na Áustria, a pólvora de perseguição aos judeus já estava acesa. Muitas vozes sociais consideravam que os problemas econômicos do império austro-húngaro eram *culpa* dos judeus. A presença de muitos profissionais judeus nas três áreas fundamentais (medicina, direito e parlamento) era avaliada pelos austríacos como uma tomada de poder. Uma ameaça ao império (Espina Barrio, 1995).

Quando o biógrafo de Moreno, René F. Marineau, visitou a Faculdade Anchieta de Psicologia, na cidade de Jundiaí (SP), entre 3 e 4 de junho de 2000, declarou, sobre a pesquisa que resultou no livro *Jacob Levy Moreno (1889–1974): pai do psicodrama, da sociometria e psicoterapia de grupo* (1992), que muitos fatos tomados como folclóricos eram verdade construída naquela realidade de perseguição aos judeus. Um exemplo disso é o fato de as datas de nascimento de Moreno e de sua mãe variarem conforme o texto. Segundo Marineau, as famílias judias mudavam constantemente de moradia, nome e idade em busca de segurança — principalmente a mãe de Moreno, Paulina Iancu, por ser menor de idade à época em que se casou e quando nasceu seu primogênito.

Outro fato interessante relatado por Marineau e que não consta do livro é que Moreno teria ouvido na escola a história da antiga expulsão dos judeus da Espanha, assim como de seu brutal assassinato: antes do embarque nos "navios sem bandeira", os judeus engoliram seus tesouros para tentar salvar as jóias e o ouro. Acreditavam na promessa de uma nova pátria. Entretanto, essa manobra foi descoberta e os carcereiros "abriram a barriga dos judeus ainda vivos" (sic) para se apoderarem do ouro escondido. Horrorizado ao conhecer os fatos, o menino Moreno declarou que a partir daquele momento considerava que havia nascido em um "navio sem bandeira". Aquela foi sua forma de protesto à chacina dos judeus espanhóis. Os sobreviventes desse grupo, mais tarde, no século XVIII, encontraram-se com o Rabi Israel Baal Shem Tov e tornaram-se os primeiros hassidistas. São os antepassados diretos da família Moreno.

Outra pesquisa também importante para a história é o livro de José A. Espina Barrio: *Psicodrama, nascimiento y desarrollo* (1995). Nele, o autor (re)construiu o cenário do império austro-húngaro da época. O que estava acontecendo ao imperador da Áustria, à imperatriz, conhecida pelo filme *Sissi, a imperatriz*, em 1922? O que motivou Moreno a convidar a todos a experimentarem a cadeira do Rei?[1]

Um sociodrama (axiodrama?) tematizado, de cunho político, está no nosso parto.

Mas qual a ligação entre esses fatos históricos e o movimento psicodramático brasileiro? Tudo está tão distante! A história é essa possibilidade de construção de fios de conexão entre mundos aparentemente isolados, porque nós somos o que lembramos que somos. As memórias dizem respeito a quem somos nós, e, nas palavras morenianas, "o homem vai até onde sua telessensibilidade alcança".

Feito este pequeno apanhado da época, precisamos também refletir sobre a evolução do capitalismo, das organizações, da modernidade que nos trouxe até a Terceira Revolução Industrial (1980–), com suas organizações hipermodernas e o sistema de gestão pelo inconsciente.

---

[1] Na primeira sessão pública realizada por Moreno, em Viena, quando foi considerado o início oficial do psicodrama, ele pôs uma cadeira e um manto vermelho no palco e convidou a platéia a experimentar o lugar de rei. Axiodrama é um sociodrama de cunho político e ético.

Por que isso? Vejamos:

A história das profissões está intimamente vinculada à origem do capitalismo das grandes organizações. Com as unidades produtivas crescendo em dimensão e complexidade, tais unidades experimentam uma grande necessidade de organização, planificação burocrática e administração. Atualmente, na sociedade pós-industrial – a chamada globalização –, a economia é principalmente produtora de serviços. Sua característica essencial está no novo caráter do conhecimento, cada dia mais teórico. O conhecimento atual permite iluminar áreas variadas e diferentes experiências, transformadas com base no empirismo e na codificação do conhecimento em sistemas abstratos de símbolos. Hoje, qualquer sociedade subsiste pela inovação e pelo controle social das mudanças. Quer antecipar o futuro com o intuito de planificá-lo. Conhecer a natureza da inovação converte o conhecimento teórico em algo crucial para essa realidade (Rodrigues, 1997).

Pensar o poder político e a independência dos grupos profissionais, mesmo havendo diferenças de país para país, de profissão para profissão, é pensar as transformações, bastante semelhantes, que todas vivem no que diz respeito ao lugar do conhecimento na atualidade.

A teoria sistêmica e comparativa sobre a evolução das profissões, desenvolvida por Abbott (1988, p. 55-57), aponta para um ponto interessante: diz que a atividade das profissões incide sobre problemas humanos passíveis de resolução pelo serviço de peritos/*experts*. Hoje, a capacidade de uma profissão de manter sua jurisdição, isto é, sua autonomia, apóia-se parcialmente no poder e prestígio do conhecimento acadêmico. Tais conhecimentos legitimam o trabalho profissional por meio da clareza de suas fundamentações e garantem seu valor na cultura. Enfim, nessa teoria, o sistema de conhecimento acadêmico de uma profissão realiza geralmente três tarefas – legitimação, investigação e instrução –, sendo que cada uma delas delimita a vulnerabilidade da autonomia profissional à interferência externa. Em outras palavras, uma profissão constrói o respeito da sociedade na medida da sua capacidade de gerir a ação de seus membros. São os limites do poder que uma profissão conquista.

Muitos são os autores que desenvolveram teses sobre o pós-industrialismo e o paradigma do poder. Eles mantêm em comum o conhecimento como fonte de poder, passando a defender a emergência de uma nova classe: a classe profissional, em uma sociedade profissional (Gouldner, 1979; Perkin, 1989; Freidson, 1994). Perkin chega a declarar que o proprietário do capital humano (o conhecimento) pode ser capaz de afetar mais a estrutura social do que o proprietário de terra ou de capital, podendo assim transformar a sociedade, não de cima para baixo, mas a partir de dentro (Perkin, 1989, p. xii, xiii).

Então, uma sociedade profissional é mais do que uma sociedade dominada por profissionais, é uma sociedade imbuída do profissionalismo em sua estrutura e em seu ideal, tendo na aquisição de conhecimento e na aprendizagem um investimento. O profissional acredita que sua participação social é diferenciada pelo conhecimento especializado (Rodrigues, 1997).

Como psicodramatistas podemos nos ver descritos aqui?

Com a revolução do computador, o acesso ao conhecimento e sua utilização fica acessível não só aos que sabem, mas também aos que sabem como consegui-lo. Entretanto, a vulgarização do conhecimento pela internet não produz efeito de (re)apropriação social em detrimento do monopólio dos profissionais, explica Bourdieu (1989). Também, diz o autor, a internet não tem efeito de deslocar a fronteira entre leigos e profissionais, mas empurra os profissionais a ampliar sua cientificidade para conservar o monopólio e escapar da desvalorização social. Os profissionais precisam demarcar constantemente sua autonomia e preservar a distinção dos profanos/leigos com a tecnicidade das intervenções, produzindo cada vez mais sociedades profissionais.

Precisamos conhecer a formação de nosso campo/cenário e *habitus*/papel de psicodramatistas.

Conhecer a história é desvendar nosso potencial.

Referências biliográficas

ABBOTT, A. *The system of professions: an essay on the division of expert labor*. Chicago: University of Chicago Press, 1988.

BOURDIEU, P. *Coisas ditas*. São Paulo: Brasiliense, 1989.

ESPINA BARRIOS, J. A. Psicodrama: nascimiento y desarrollo. Salamanca: Amarú Ediciones, 1995.

FREIDSON, E. *Professionalism, reborn, theory, prophecy and policy*. Cambridge: Policy Press, 1994.

GOLDNER, F. H.; RITTI, R. R. "Professionalization as career immobility". In: GRUSKY, Oscar; MILLER, G. (orgs.). *The sociology of organizations*. Nova York: The Free Press, 1970.

PERKIN, H. *The rise of professional society: England since 1880*. Londres: Routledge, 1989.

RODRIGUES, M. de L. *Sociologia das profissões*. Oeiras: Celta, 1997.

II

DA CHEGADA À INSTITUCIONALIZAÇÃO DO MOVIMENTO (1946-1976)

Júlia Maria Casulari Motta

A CHEGADA DO PSICODRAMA NO DISTRITO FEDERAL (RIO DE JANEIRO) POR MEIO DO SOCIÓLOGO ALBERTO GUERREIRO RAMOS E SEU PERSONALISMO NEGRO (1948 –1950)

Devemos a *descoberta* do pioneirismo de Alberto Guerreiro Ramos (1915–1982) e de seu trabalho com psicossociodrama à psicodramatista Célia Malaquias, que o pesquisou. Foi ela quem apresentou as primeiras notícias sobre a presença da atividade moreniana no país, datadas entre 1948 e 1950, quando Guerreiro Ramos, no Rio de Janeiro, trabalhou com Abdias do Nascimento, criador do Teatro Experimental do Negro (TEN) (1944) e do *Jornal Quilombo* (1949–1950).

O sociólogo Guerreiro Ramos dirigiu diversos trabalhos no Instituto Nacional do Negro (INN), promovendo também seminários sobre grupoterapia, nos quais abordou o psi-

JÚLIA MARIA CASULARI MOTTA

codrama e o sociodrama. Também escreveu alguns artigos no *Jornal Quilombo* sobre esses seminários e sobre os sociodramas e psicodramas que dirigiu com o tema das etnias (Malaquias, 2004; 2007).

Em um artigo na *Revista Brasileira de Psicodrama* (Motta, 2006) escrevi que Guerreiro Ramos teria sido professor da Universidade do Brasil na Faculdade de Medicina (Amaral, 2006) e que, ao residir nos Estados Unidos, teria sido aluno de Moreno. Também, segundo Oliveira (1990) e Flores (1985), que teria chegado a editor da revista *Sociometry*. Hoje posso dizer que é necessário ampliar as pesquisas para uma conclusão mais clara sobre a participação desse sociólogo na formação do campo do psicodrama no país. Segundo Fonseca (2006), o único editor da *Sociometry* foi Moreno.

Por outro lado, recentemente pude ter acesso a uma dissertação de mestrado defendida na Faculdade de Sociologia da USP pelo professor de história Muryatan Barbosa (2004), que pesquisou a contribuição profissional de Guerreiro Ramos à sociologia brasileira. Essa tese elucidou vários pontos sobre a chegada do psicodrama à então capital do país. A expressão "personalismo negro" é da referida tese. Por e-mail, Muryatan Barbosa (2007) me disse que soube, por meio do amigo e discípulo de Guerreiro Ramos Clóvis Brigadão, que para Guerreiro Ramos o "psicodrama era uma abordagem de que gostava muito e que, quando morou como exilado político nos Estados Unidos, entre 1966 e 1981, teria feito alguns psicodramas e sociodramas com seus alunos na Universidade do Sul da Califórnia (USC), como professor visitante".

Fazendo uma retrospectiva baseada na tese, vejamos como é apresentada a chegada e a instalação do psicodrama no país.

DA CHEGADA À INSTITUCIONALIZAÇÃO DO MOVIMENTO (1946–1976)

Guerreiro Ramos veio da Bahia no fim de 1939 para estudar ciências sociais na recém-criada Faculdade Nacional de Filosofia da Universidade do Brasil, no Rio de Janeiro. Trouxe uma formação religiosa católica e humanista espiritualista, que o acompanhou durante a vida profissional. Concluiu o bacharelado em 1942, ano em que o Brasil entrou na Segunda Guerra Mundial. Como integralista, teve dificuldades de encontrar trabalho na área, mas recusou uma bolsa de estudos do Departamento de Estado dos Estados Unidos.

Em 1943–1944, foi trabalhar no Departamento Nacional da Criança (DNC), onde ministrou cursos de sociologia para médicos puericulturistas. É possível pensar que foi a partir desse trabalho que surgiu a idéia de ter sido professor na faculdade de medicina, o que não ocorreu, explica Muryatan. No ano de 1943, ele ingressou também no Departamento de Administração do Serviço Público (Dasp), um órgão criado pelo Estado Novo. Nessa fase, conheceu o trabalho sobre os negros baianos do sociólogo da Universidade de Chicago Donald Pierson, com quem aprendeu uma nova sociologia, "um novo modo de ser sociólogo: um sociólogo pragmático-naturalista". Uma ciência prática, voltada para a técnica científica de intervenção na realidade social.

Estará aqui uma possível raiz de sua aproximação, logo depois, ao psicodrama?

Em 1944, na criação do Teatro Experimental do Negro (TEN), Abdias do Nascimento convidou Guerreiro Ramos para participar do projeto, mas ele não aceitou. Nessa fase, Guerreiro defendia um novo olhar sobre a sociologia, quando reuniu sociologia com psicologia social, ao conhecer os trabalhos de Erich Fromm.

25

O mundo vivia o fim da Segunda Guerra Mundial, época em que surgiu um interesse maior pela psicologia e pela filosofia existencial. Guerreiro defendia que a única saída possível para o impasse civilizatório no qual o Ocidente estava inserido era a transformação espiritual do homem (ainda não conhecia Moreno). Logo em seguida, evoluiu para uma sociologia que divulgava uma transformação social alicerçada na mudança qualitativa do homem, antes das grandes estruturas socioeconômicas.

Continuava seu trabalho no DNC e no Dasp, mas não se sentia realizado. Em 1948, finalmente aproximou-se do Teatro Experimental do Negro, que seria a instituição mais representativa de toda a sua trajetória. Do TEN, nasce o INN (1949), Instituto Nacional do Negro, do qual Guerreiro foi o primeiro diretor. Para o INN, Guerreiro preparou um programa de atividades do qual fazia parte um seminário com diferentes autores, incluindo J. L. Moreno. Mas essa não foi a primeira referência ao psicodrama.

Em 1949, em um artigo intitulado "Sociologia do orçamento familiar", Guerreiro apresentou a tese do papel dos fatores sociais nas enfermidades e nas anormalidades individuais e coletivas, com base nos autores E. Fromm, F. Alexander e J. L. Moreno. Nesse artigo, apresentou Moreno da seguinte maneira: "[...] chefe de toda uma escola (a sociometria), criador de técnica psiquiátrica do psicodrama; e, por fim, do recente grupo do qual é porta-voz, a revista *Sociometry*" (Guerreiro Ramos, 1950, p. 82 *apud* Barbosa, 2004, p. 57).

Como parte desse seminário de inauguração do INN, Guerreiro dirigiu alguns psicodramas e sociodramas, registrados no jornal *Quilombo* (1948–1950, ns. 4, 6, 7, 8). A aula inaugural do seminário de grupoterapia aconteceu na Associação Brasileira de Imprensa (ABI) no dia 19 de janeiro de 1950.

Será então que podemos considerar esse o marco oficial da chegada do psicodrama ao Brasil?

O primeiro semestre de 1950 foi o ápice do trabalho de Guerreiro Ramos com psicodrama, quando ele citou a necessidade de purgação de certas conservas culturais. Artigos sobre teoria e prática do psicodrama são publicados na edição de fevereiro de 1950 do jornal *Quilombo* e na edição de março/abril do mesmo ano são publicados artigos sobre teoria e prática do sociodrama nesse mesmo veículo. Muryatan Barbosa (2004, p. 95) escreveu que não se sabe quantas sessões de psicodrama e sociodrama Guerreiro realizou no TEN no primeiro semestre de 1950, mas que ele realizava sessões terapêuticas também (p. 93). Continuando sua análise, disse o autor que "essa originalidade de Guerreiro reflete, ademais, uma característica essencial do psicodrama: sua preocupação com o homem real, concreto, em interação com seus semelhantes".

De 26 de agosto a dois de setembro de 1949, o TEN realizou a Conferência Nacional do Negro, de onde surgiu o I Congresso do Negro no Brasil. Nesse Congresso, Guerreiro apresentou a tese "Da possibilidade da Unesco examinar o trabalho sociológico do TEN e suas atividades para elevação do negro no Brasil" (Nascimento, 1982 [1968], p. 237-240, *apud* Barbosa, 2004, p. 101).

Estará aqui a interpretação de que Guerreiro teria sugerido à Unesco o psicodrama como método para trabalhar questões de etnias? Não encontrei referências explícitas ao fato na tese de Muryatan, mas Malaquias, por meio de suas pesquisas, afirma que na carta de resoluções do I Congresso Brasileiro do Negro está registrado esse seu posicionamento.

As propostas apresentadas por Guerreiro no I Congresso do Negro não foram aceitas. Houve um acirramento da divisão entre os intelectuais, dentre eles Guerreiro Ramos e Florestan Fernandes. A briga entre esses dois sociólogos torna a sociologia um assunto emergente aos olhos dos profissionais da época, suscitando a necessidade de tomarem um posicionamento político e social. A divisão atinge também o grupo de intelectuais do TEN, resultando em seu posterior esvaziamento como movimento de ponta no trabalho com etnias.

Após o Golpe de 64, Guerreiro Ramos se afastou do TEN, quando o jornal *Quilombo* já não existia mais. Guerreiro não foi aceito pelos comunistas; filiou-se ao PTB e chegou a deputado federal em 1964. Com a ditadura implantada, ele perdeu o mandato, foi cassado, teve dificuldades em conseguir trabalho, e, em 1966, sofreu mais pressão do Conselho de Segurança Nacional, quando se mudou para os Estados Unidos para ser professor visitante na Universidade do Sul da Califórnia. Voltou ao Brasil em 1981, um ano antes da sua morte.

Pouco sabemos sobre como o psicodrama continuou na vida de Guerreiro Ramos, nem como conheceu a obra moreniana, em 1948–1949, mas sabemos que devemos a ele e a seu esforço autodidata os primeiros trabalhos em sociodrama e psicodrama, os primeiros artigos, as primeiras aulas integradas ao seminário de inauguração do Instituto Nacional do Negro e a criação do Teatro Experimental do Negro. Pelo pioneirismo desse polêmico sociólogo, o movimento psicodramático brasileiro – a maior comunidade organizada do mundo – presta uma homenagem, apresentado-o mais detalhadamente neste livro.

Após Guerreiro Ramos, novos trabalhos em psicodrama só foram apresentados em eventos fluminenses por ocasião do III Congresso Latino-Americano de Psicoterapia de Grupo (1963), do qual a psicanálise de grupo, iniciada em São Paulo e consolidada com a fundação da Sociedade Paulista de Psicologia e Psicoterapia de Grupo (1960), foi co-responsável. Nesse congresso houve a participação de psicodramatistas.

A busca de alternativas à psicanálise tradicional aconteceu tanto entre os profissionais que se sentiam preteridos nos círculos oficiais da psicanálise quanto entre médicos e psicólogos que *desistiram* da psicanálise e buscaram um novo conhecimento (Coimbra, 1995; Fonseca, 2005). A hegemonia da psicanálise clássica é rompida por ela mesma quando muitos psicanalistas passaram a trabalhar com grupos – o que aconteceu nos primeiros anos de maneira isolada no Rio de Janeiro, em São Paulo e em Porto Alegre.

A chegada da psicoterapia de grupo de base analítica preparou o terreno para o movimento psicodramático, que se desenvolveu rapidamente nas décadas de 1960 e 1970 (Pamplona, 2001).

Vejamos como o psicodrama foi sendo apresentado em outros pontos do país.

O PSICODRAMA EM MINAS GERAIS CHEGA POR MEIO DE PIERRE WEIL NO MUNDO DO TRABALHO DO DOT (1958–1968)

A década de 1950 começa com Vargas novamente no poder, entre 1951–1954, quando as contradições eram mais acentuadas: de um lado o chamado "pai dos pobres" queria satisfazer a vontade popular, por outro, trabalhava para a manutenção do ritmo acelerado da urbanização resultante da crescente industrialização. Um clima nacionalista, defendido por setores da classe média, pelo Exército, por parte da classe trabalhadora e de setores empresariais, mostrava um quadro cheio de ambivalências. Os industriais estudavam a possibilidade de associação com o capital estrangeiro – ora recuavam ora avançavam diante das concessões trabalhistas.

Uma crise nacional entrava em ebulição, potencializada pelos conflitos políticos que resultaram no afastamento do presidente. Getúlio, acuado sob suspeitas, ao ver-se afastado do poder, escreveu a carta-testamento e se matou. Sua popularidade aumentou com sua morte.

A década de 1950 reacendeu o ideário da década de 1920 – o desejo de tornar a nação um Estado moderno.

Com o término da Segunda Guerra e com o apoio do Ministro da Educação e Saúde Gustavo Capanema (1924–1945), a inspiração norte-americana e os princípios democráticos do pós-guerra ganharam espaço no Brasil. Nosso país passou a buscar valores importados, o cosmopolitismo, mudanças na linguagem radiofônica, na imprensa e no cinema industrializado e preparava-se para a chegada da televisão.

O professor Halley Bessa, educador do Instituto de Educação de Belo Horizonte e do Iser (1950) – Instituto Superior de Educação Rural, também chamado Fazenda do Rosário –, desde a década de 1930 trabalhava na rádio Guarani. No programa de auditório "Alma juvenil", ao qual compareciam estudantes, Halley levava instrumentos musicais e apresentava questões de língua pátria, geografia, matemática e história. Halley relatou que, quando chegou a notícia de que o Brasil havia declarado guerra à Alemanha, estava fazendo um programa de rádio e foi necessário pedir aos professores do Instituto de Educação que não mandassem os alunos para lá, pois o povo estava depredando as lojas de alemães e italianos. No programa, pediu calma a todos.

O sistema educacional do professor Halley Bessa pode ser considerado um *trabalho precursor* do psicodrama em Minas Gerais – tanto o que fez na rádio quanto o trabalho com bonecos e fantoches na Fazenda do Rosário –, mas não podemos chamá-lo de um trabalho moreniano, pois Halley ainda não conhecia o psicodrama.

Explico com outros fatos: tive acesso à entrevista que Halley Bessa deu à professora Íris Goulart (1985). Ele contou que, na Fazenda do Rosário – Instituto de Educação Rural (Iser), dirigido pela psicóloga russa Helena Antipoff – trabalhou com fantoches e com teatro de bonecos antes de conhecer o psicodrama. Também contou que lutou para que os colégios mineiros adotassem o sistema misto de alunos, argumentando que a "educação em colégio misto não pode ser confundida com colégio misturado". Defendeu "uma visão globalizante do homem, isto é, a necessidade de se ver o homem e seus valores".

Halley foi um psicodramatista antes de conhecer a obra moreniana, o que só veio a acontecer na década de 1960, quando se tornou psicodramatista triádico pelo Departamento de Orientação ao Trabalho (DOT) (1958–1968). É preciso também homenagear o médico-educador Halley Bessa, esse nosso precursor.

Tive também a oportunidade de conversar com a professora Regina Helena Campos, biógrafa de Helena Antipoff e curadora do museu Helena Antipoff, que me disse não ter nenhum registro da presença do psicodrama na Fazenda do Rosário. O mais próximo do psicodrama foi o teatro de fantoches e de bonecos, já mencionado por Halley, mas que foi anterior à chegada do psicodrama a Minas. Sabemos, sim, que o psicólogo psicodramatista Daniel Antipoff, filho de Helena, foi discípulo de Pierre Weil, a quem substituiu nos trabalhos de orientação profissional no Sesc nas décadas seguintes. No período entre 1960 e 1965, quando Anne Ancelin esteve no Brasil para dar aulas de psicodrama, hospedou-se na casa de Helena Antipoff, a pedido de Pierre Weil. Segundo Weil (2004), Ancelin não ensinou psicodrama na Fazenda do Rosário.

Vejamos, agora, como se deu a chegada de Pierre Weil ao Brasil.

Em 1948, o Sesc da capital do Rio de Janeiro trouxe o psicólogo Leon Walter, do Instituto Rousseau, de Genebra, especialista em psicologia do trabalho, para ensinar um método de orientação vocacional a pedagogos brasileiros. Leon Walter convidou seu discípulo recém-formado Pierre Weil para vir com ele e ficar por três meses. Conta Weil (2004) que quando chegou ao Brasil sentiu que essa seria sua pátria. Seu presságio se confirmou. Depois da partida de Walter, Pierre Weil assumiu seu lugar de professor e viajou por todo o Brasil ensinando o trabalho de orientação vocacional nos vários núcleos do Sesc. Não conhecia ainda o psicodrama.

Um novo acontecimento foi registrado em 1958, quando Weil foi convidado a ser responsável pela criação do DOT (1958–1968), sob o patrocínio do Banco da Lavoura de Minas Gerais (Banco Real). Weil viajou por diversos países procurando o que havia de "mais moderno em psicologia do trabalho". Foi quando esteve na França e conheceu Anne Ancelin Schutzenberger, que havia se formado com Moreno em Beacon. Ela fazia parte de um grupo de psicanalistas que

Da chegada à institucionalização do movimento (1946–1976)

desenvolviam um novo olhar, em que se buscava a junção da psicanálise, do psicodrama e da dinâmica de grupo. Ainda na França, Weil fez uma vivência terapêutica dirigida por Ancelin. Segundo Weil (2004), "ali foi onde considero ter iniciado minha grande transformação, que resultou no que sou hoje".

Em 1963, durante o Congresso Internacional de Psicoterapia de Grupo, em Milão, Moreno criou o nome "psicodrama triádico" para a modalidade de psicodrama desenvolvida desde 1960 no Saint Elizabeth Hospital, em Washington, por James Enneis e Robertt Haas, da Universidade da Califórnia; por Anne Ancelin, em Paris, e por Pierre Weil e Anne Ancelin, no Brasil. O trabalho pioneiro em Belo Horizonte já estava presente na fase de reconhecimento do psicodrama triádico por Moreno.

"Esse departamento de recursos humanos – o DOT – revolucionou a psicologia organizacional e a hegemonia da psicometria da época, tornando o psicodrama a primeira psicologia humanista presente no mundo do trabalho brasileiro" (Motta, 2004; 2005).

Vivíamos um intenso movimento de industrialização do país, com as leis trabalhistas de Getúlio e as conquistas dos trabalhadores. Foi um governo ao mesmo tempo avançado e populista, para, em seguida, termos JK e o plano de metas. Do Instituto do Negro, no Rio de Janeiro, para questões do trabalho em Minas Gerais, o Brasil andava rápido. Íamos da construção da nova capital, Brasília, ao início da dívida externa. Com o aceleramento da industrialização, buscávamos tornar o país moderno em todos os setores.

Conflitos sociais ampliados pelo medo do comunismo juntam Estado e Igreja que, fortalecidos por circunstâncias socioeconômicas, geram o Golpe Militar de 1964 e, depois, o endurecimento da ditadura, com o AI-5 em 1968. Nessa realidade, cresceu o movimento de expansão da psicologia e sua luta pelo reconhecimento da profissão.

Weil e os profissionais do DOT estiveram presentes nessa luta. Segundo Weil, foi ele quem trabalhou para que a Associação Brasileira de Psicotécnica e a pioneira revista de psicologia *Arquivos Brasileiros de Psicotécnica* substituíssem o termo "psicotécnica" por "psicologia aplicada". Sua argumentação foi: "Na alma humana não é possível a dureza da psicotécnica" (Weil, 2004). Quando fez isso, ainda não era psicodramatista; entretanto, demonstrou uma atitude humanista moreniana, como Halley Bessa, já mencionado.

O DOT fez escola, formou muitos psicólogos para o mundo do trabalho, desenvolveu cursos para os quais vinham alunos de vários estados brasileiros. Criou um centro de pesquisas, publicou um livro com os resultados das pesquisas, muitas delas avaliativas da prática psicodramática. Nele foi criado o primeiro laboratório de vídeo para seleção e treinamento (arquivo Júlia Motta).

A sede do DOT era um grande centro de treinamento no bairro da Pampulha, onde trabalhavam cento e vinte pessoas, entre médicos, psicólogos, antropólogos, sociólogos, pedagogos etc., dentre eles Djalma Teixeira de Oliveira, Ruy Flores, José Enes, Elba Duque, Nilza Feres, Letícia Barreto, Jarbas Portela, Carlos Pinto e outros.

Anne Ancelin passou a vir ao Brasil regularmente entre 1960 e 1965 para completar a formação de Pierre Weil e formar outros profissionais brasileiros. O DOT usava métodos muito adiantados para a época, que ainda hoje são atuais, como jogos de negócios e teatro de psicodrama para administrar conflitos e treinar vendedores. Desenvolveu pesquisas sobre a eficiência dos treinamentos, a cargo de João Batista de Oliveira, que já era autor de um livro sobre psicologia do comportamento (Weil, 2004).

Enquanto o psicodrama florescia no mundo do trabalho, o país entrou no período de ditadura militar (1964). A liberdade de reunião foi suspensa, o trabalho de treinamento em grupo passou a ser vigiado. O medo e a desconfiança faziam os trabalhadores e os profissionais da psicologia mudarem sua forma de trabalho. Panorama duro e vergonhoso da história do Brasil! O Banco da Lavoura de Minas Gerais, dono do DOT e patrão dos primeiros psicodramatistas, continuava investindo no treinamento dos seus funcionários e no psicodrama. Entre 1958 e 1968 o DOT cresceu em número de profissionais e em importância.

Para Weil, o principal trabalho desenvolvido nele foi com menores selecionados por meio de anúncios de jornais. Os menores eram aprendizes e recebiam assistência no Centro de Treinamento do DOT: "Tornaram-se diretores, presidentes, altos funcionários de empresas". Nesse clima cheio de sonhos de modernidade, enquanto o DOT "preparava menores selecionados para serem dirigentes", o Banco da Lavoura transferiu-se para São Paulo. Mudou de nome para Banco Real. Em 1968, ano do AI-5, que endureceu a ditadura no país, foram fechadas as portas do DOT. As causas do fechamento não foram políticas, mas econômicas. "Todos os arquivos dos trabalhos com psicodrama foram queimados" (sic). Os psicodramatistas foram despedidos, inclusive Pierre Weil, que foi convidado a ir para São Paulo e não aceitou. Em entrevista, disse-me que já vivia uma grande crise pessoal que o levou a morar no Oriente, tornando-se monge.

O movimento mineiro do psicodrama triádico esteve ameaçado de extinção. Os profissionais, reunidos sob a liderança de Weil, criaram a Sociedade Brasileira de Psicoterapia, Dinâmica de Grupo e Psicodrama (Sobrap), que passou a congregar os trabalhadores psicodramatistas. Quase todos migraram para o mundo do psicodrama clínico.

SÃO PAULO: UM GRUPO DE PROFISSIONAIS DA SAÚDE BUSCA O PSICODRAMA CLÍNICO. A PRESENÇA DE ROJAS-BERMÚDEZ. O CONGRESSO DO MASP (1970)

No Estado de São Paulo, vários eventos psicodramáticos aconteceram a partir de 1960. Para citar alguns, estão os coordenados por Flavio D'Andréa, que introduziu o psicodrama no Departamento de Psicologia Médica da USP de Ribeirão Preto. Na capital, Íris Soares de Azevedo reuniu algumas pessoas para estudar psicodrama, dentre elas J. M. D'Alessandro, Alfredo C. Soeiro, Maria do Rosário Brandt de Carvalho, Vera França e Laís Machado. Em um esforço autoformativo, Íris, Soeiro e D'Alessandro iniciaram as primeiras psicoterapias de grupo de base psicodramática em seus consultórios. Em 1964, Antônio Carlos Cesarino trabalhou como egoauxiliar, durante um semestre, com S. Lébovici, em Paris. Em 1966, Soeiro, D' Alessandro, Íris e M. Carvalho participaram do III Congresso Internacional de Psicodrama em Barcelona e dessa viagem surgiram outros profissionais interessados em psicodrama. D'Alessandro introduziu, no Hospital do Servidor Público de São Paulo, o trabalho psicodramático de grupo com adolescentes.

DA CHEGADA À INSTITUCIONALIZAÇÃO DO MOVIMENTO (1946-1976)

Em 1967, aconteceu na Faculdade de Medicina da USP o V Congresso Latino-Americano de Psicoterapia de Grupo. Como parte da programação, realizou-se no Teatro da Universidade Católica de São Paulo (Tuca) um psicodrama público dirigido por Rojas-Bermúdez. Foi um grande sucesso. Na seqüência, a direção do Serviço de Psiquiatria e Psicologia Médica do Hospital do Servidor Público de São Paulo convidou Bermúdez para dirigir um trabalho vivencial.

No mesmo ano, D'Andrea defendeu, na Faculdade de Medicina da USP de Ribeirão Preto, a primeira tese de doutorado em sociometria (1967): "Estudo sociométrico de uma classe de estudantes de medicina". Em fevereiro de 1968, Oswaldo Di Loretto e Michael Schwarzschild convidaram Bermúdez para vir ao Brasil por 15 dias para trabalhos na Clínica Enfance. Durante sua visita, realizou-se uma reunião no Hospital do Servidor Público de São Paulo com os interessados na formação em psicodrama. Nasceu aí o Grupo de Estudos de Psicodrama de São Paulo (GEPSP) (Motta, 1984).

Em 1968 são formados onze grupos, distribuídos da seguinte maneira: em abril, G1, com Aníbal Mezher como representante; G2, com Haroldo Pereira, e G3, com Miguel P. Navarro. Em junho, G4, com A. C. Godoy, e G5, com J. O. Fagundes. Em setembro, N1, com A. C. Eva; N2, com M. Alcina Celedônio, e N3, com M. de Jesus A. Albuquerque. Em novembro, NN1, com Evelise Catalares; NN2, com Gabriela de Sanctis, e NN3, com Içami Tiba (N = Novos e NN = novíssimos).

O médico psicodramatista colombiano, radicado na Argentina, G. Rojas-Bermúdez e sua equipe ficaram responsáveis pela formação dos onze grupos. Bermúdez tornou-se o líder-coordenador, professor-supervisor, principal terapeuta das onze turmas. O GEPSP impulsionou de tal maneira a penetração do psicodrama em São Paulo que levou Moreno a encarregar os brasileiros de organizarem o V Congresso Internacional de Psicodrama. Vejamos como Cesarino (2007), coordenador da comissão científica do evento, relembra os acontecimentos:

> A demanda é de um testemunho pessoal, portanto sem informes históricos mais detalhados. Em 1970 organizamos um grande congresso, o V Congresso Internacional de Psicodrama, e o I Congresso Internacional de Comunidade Terapêutica, realizados conjuntamente no Masp (Museu de Arte de São Paulo, então ainda novo).

> Éramos um grupo de gente jovem e entusiasmada com as novas idéias que o psicodrama nos trazia, de modificação profunda na tarefa psicoterápica, que escapava do pesado, autoritário, quase soturno, trabalho dos praticantes da época para uma tarefa aberta, alegre, ativa e compartilhada com o cliente. Mas, além disso, a simultaneidade com o movimento então ainda recente de Comunidade Terapêutica significava que queríamos ir além da prática apenas dos consultórios, mas visávamos atingir a meta básica do psicodrama: a sociedade e suas instituições (já sofríamos um pouco da "megalomania normal" de Moreno).

> Isso tudo em plena ditadura militar, em um de seus períodos mais escuros. Disse um grande congresso porque foi o maior congresso de psicodrama realizado até então. Mais de 3.000 pessoas se inscreveram. Ao contrário

DA CHEGADA À INSTITUCIONALIZAÇÃO DO MOVIMENTO (1946–1976)

dos outros congressos, permitíamos a participação de qualquer pessoa que desejasse, sem nenhuma exigência profissional. Meu papel era de Diretor Científico, responsável portanto pela coordenação de todas as atividades ditas científicas. Eu estava habituado a freqüentar congressos médicos, que tinham sempre mais ou menos o mesmo jeito e uma organização tão "organizada" que as coisas eram quase totalmente previsíveis. Em geral, a única surpresa era o fato de haver mais ou menos público que o esperado em determinada atividade.

No nosso congresso a menor surpresa era a quantidade de pessoas: nenhuma sala foi suficiente para a demanda crescente de quase tudo o que foi programado. Mas as pessoas se arranjavam alegremente e participavam de tudo com muito interesse. Tudo era diferente: as salas, criadas por Lina Bo Bardi (a arquiteta que havia planejado o Masp), eram feitas de madeira e todas tinham um espaço cênico: salas de Discussão Dramatizada (os temas trazidos não eram apenas falados, mas dramatizados, o que de início causava espécie para pessoas não afeitas a essa "nova" linguagem), salas para Atelier Psicodramático. Além disso ela criou uma grande arena, onde cabiam talvez mil pessoas numa magnífica arquibancada circular.

A movimentação no congresso, os encontros, reencontros, namoros, discussões, descobertas, protestos, para tudo havia lugar nos intervalos e mesmo em muitas sessões abertas. O mesmo clima mágico que surgira durante as semanas em que os grupos de formação se encontravam se criou nos dias do congresso. Havia no ar uma expectativa não falada, uma alegria constante, um quê de surpresa e admiração. Afetividade se trocava nos encontros e uma vibração constante fazia que os ecos do congresso se espalhassem por certa região da cidade. Surpreendentemente era muito difícil que alguém se sentisse ansioso antes de fazer alguma apresentação. Tudo era também lúdico, sem deixar de ser responsável e conseqüente. A falta de sisudez fez que parte da imprensa e alguns setores psis classificassem o que se passava de não sério, de *"happening"*. E *happening* era mesmo, no seu melhor sentido: surpreendente, inovador, criativo, vivaz e alegre, sem vergonha do público.

Tive muito trabalho na preparação do congresso, junto com os colaboradores, entre os quais saliento com saudades a psicóloga Regina Lopes, com a qual tive muitas brigas e discussões que sempre acabavam em risadas e deram como resultado uma muito boa programação. Praticamente morei no Masp nos dias do congresso e tive, quase sempre junto com Regina, de refazer programas quando participantes não previstos, principalmente estrangeiros, queriam falar e não havia espaço, além de transferir para o Teatro da Faculdade de Medicina certo número de palestras que já não cabiam nos espaços do Masp e que as pessoas não queriam dramatizar, apenas discutir os temas. Isso gerou discordâncias e críticas válidas. É a falha maior que pude perceber de nossa organização.

Vieram quase todos os mais importantes psicodramatistas do mundo, além de líderes famosos do movimento

Da chegada à institucionalização do movimento (1946–1976)

de comunidade terapêutica. A grande ausência foi de Moreno (que seria o presidente honorário do congresso) e sua esposa Zerka.

Isso aconteceu em virtude de questões da política de poder no movimento internacional do psicodrama na época: como Rojas-Bermúdez surgiria como o grande incentivador desse congresso, e líder de grande desenvolvimento do movimento na América Latina, havia a possibilidade de ele sair daqui como o "herdeiro" de Moreno, coisa que seus adversários não suportariam. Por isso conseguiram que Moreno desistisse de vir. Não quero entrar aqui em discussão sobre as razões dos litigantes. Eu diria que o grande público do congresso não percebeu ou não se importou com essa situação. Afinal o psicodrama estava ainda no começo, era atraente e oferecia muito o que ver e vivenciar. Houve a partir daí um grande "racha" na Argentina, com conseqüências diretas no Brasil. Não vou entrar em detalhes, mas talvez se isso tivesse sido resolvido entre nós de maneira mais inteligente nossa história seria outra. Talvez melhor.

Qual foi o efeito do congresso para o movimento psi brasileiro? A meu ver, e já disse isso em muitos lugares, o congresso funcionou como um divisor de águas. Causou intensa repercussão na imprensa e no meio psiquiátrico-psicológico, a favor e contra. Foi o primeiro enfrentamento sério da hegemonia do domínio da psicanálise entre nós, abriu passagem para numerosas práticas ditas "alternativas", que puderam ter espaço e serem respeitadas a partir daí. Modificou fortemente o fluxo da demanda por atendimentos psicoterápicos (e psiquiátricos) na época, mas principalmente trouxe uma nova forma de pensar o atendimento psi, quebrando o tradicional "setting" da terapia entre quatro paredes. Veio para o ar livre, para o grupo, para o público. Deixou de lidar com a falta, com a tristeza, para lidar com a alegria, com o encontro, com o contato verdadeiro e aberto dos pacientes e seus terapeutas. Acreditou no positivo, na força criativa. Olhou mais para a frente do que para trás. A real implicação do terapeuta com seu paciente deixou de lado o medo de contaminar o vínculo com uma proximidade maior. Grandes críticas recebidas vinham muito nessa direção. Entretanto, é claro que no fundo havia algo muito mais forte: uma visão política, um comprometimento ideológico provavelmente inconsciente em boa parte dos psicanalistas de então (hoje a situação é muito diferente). Não vou detalhar esse aspecto aqui, para não ficar longo demais. Já está publicado em outro lugar. Mas a repercussão do congresso então tinha esse duplo aspecto: uma revolução no mundo psi, e um capítulo a mais da contracultura e da resistência ao arbítrio. Pode-se ser reacionário em qualquer atividade. O cuidado psi, em que você passa por perto da liberdade interna das pessoas, é um terreno facilmente ameaçado.

Ainda foi "necessário" matricular (gratuitamente, claro) certo número de oficiais do Exército "interessados" em psicodrama. Os mesmos que obrigaram que se apagassem frases retiradas por Lina Bo Bardi dos livros de Moreno e pintadas nas armações de madeira das salas do congresso. Da mesma maneira fui pressionado a impedir a partici-

DA CHEGADA À INSTITUCIONALIZAÇÃO DO MOVIMENTO (1946–1976)

pação ativa de Lapassade, líder do revolucionário movimento de análise institucional na França e no mundo; ele se propunha a fazer a análise institucional do congresso e por aí abrir visões sobre o país. Também não pude deixar que se apresentasse o Living Theatre, contestador teatro de vanguarda de renome internacional, que entre outras coisas colocava em xeque os costumes. Como se recordam os leitores mais velhos, o governo militar era extremamente discricionário, seus esbirros eram ignorantes e em tudo viam ameaças à ordem vigente e aos costumes morais tradicionais. A ameaça era de fechar o congresso se esses perigosos elementos tivessem um espaço facilitado.

Na realidade não houve nenhuma censura prévia, além do já dito, de fazer tirar das paredes as frases do Moreno, escolhidas e pichadas pela própria Lina Bo Bardi. Durante o congresso, pelo menos que tenha chegado ao meu conhecimento, só as proibições mencionadas. É claro, como também já foi dito, que tudo o que ali se passou foi devidamente observado e registrado. Principalmente as pessoas. Por exemplo, embora eu já tivesse tido atuações anteriores contrárias ao regime, nunca tinha me sentido vigiado até então. A partir daí, tanto em aulas regulares de psicopatologia na PUC, quanto em reuniões festivas de fim de ano no consultório, onde aparecia muita gente, os "homens" (como se dizia naquele tempo) se fizeram presentes. Isso deve ter acontecido com outros participantes do congresso.

Enfim, é muito rica e querida a lembrança desses dias tumultuados e plenos; há muito aprendizado daí decorrente. Um dos mais importantes sem dúvida é de que é possível, mesmo em situações adversas, criar um espaço de liberdade e contestação, e que esse espaço pode ser também de comunhão, afeto e alegria.

Deixo que a narrativa fale por si mesma. Sabemos que ela não esgota a história desse evento, mas nos faz pensar sobre nosso jeito de lidar com os fatos e nos conta fragmentos das dinâmicas da ditadura. Mas um ponto aqui levantado merece destaque: a inclusão da crise brasileira em uma crise maior, internacional, do psicodrama.

Não é demais relembrar que o endurecimento da ditadura com o AI-5 autorizava os militares a agirem sobre a liberdade e segurança dos brasileiros com o arbítrio próprio do regime. A combinação de autoritarismo e crescimento econômico deixou a classe média em um clima de ambivalência, e, na busca de uma expressão de oposição, setores da classe média viram na cultura a possibilidade de protesto e oposição ao governo. Buscava nas expressões das artes e do conhecimento o canal de comunicação entre as pessoas. Quando da expansão da psicologia, a psicanálise já estava instalada como o ideal buscado pela maioria, mas atingido por poucos. A psicologia reconhecida como profissão (1962) criava cursos e mais cursos centrados na clínica. A psicanálise de grupo já florescia no cenário paulista, abrindo caminho para outras abordagens de grupo, dentre elas o psicodrama.

Enquanto o autoritarismo militar se expandia, mais os brasileiros se voltavam para si mesmos. O processo de autoconhecimento passou a ser um bem desejado por todos, em especial a classe média e os intelectuais. Mudanças passaram a acontecer em todos os setores da vida do brasileiro – da roça

DA CHEGADA À INSTITUCIONALIZAÇÃO DO MOVIMENTO (1946–1976)

à cidade grande. O regime de ditadura com a repressão aos direitos humanos e à liberdade de ir e vir fez a introdução do culto do corpo e da *nova onda do ter*. Ter, consumir, comprar, novidades que seduzem, crescimento acelerado da industrialização e do consumo, tudo sustentado pelo *milagre econômico*. A repressão aos sindicatos, isto é, aos trabalhadores, autorizou um clima ambivalente, opressor, repleto de conflitos – cenário propício para um movimento de interiorização, no qual o que valia era o autoconhecimento. Acelerou-se o processo de subjetivação da sociedade. Uma classe de brasileiros descobriu a psicoterapia – alguns por modismo, outros como recurso de resistência à ditadura, como espaço de liberdade.

Nesse palco nacional, muitos conflitos políticos e pedagógicos estavam instalados nas turmas do GEPSP – de maneira especial, entre alguns representantes das turmas, que não concordavam com as decisões de Bermúdez. Viam um favorecimento de alguns representantes em detrimento de outros. O descredenciamento de Rojas-Bermúdez por J. L. Moreno do Instituto de Beacon (Estados Unidos) acentuou a crise brasileira.

Perdemos a chance de ter Moreno no Brasil. Sua morte chegou em 1972 sem que a crise do movimento estivesse resolvida. O congresso havia terminado com uma rachadura tão profunda no movimento paulista que foram formados dois grupos que não se comunicavam. Os que foram diplomados durante o congresso permaneceram fiéis a Bermúdez. Os não diplomados formaram um novo grupo de oposição.

Esses grupos rivais fundaram as primeiras escolas paulistas: Sociedade de Psicodrama de São Paulo (SOPSP) (1970), onde estavam os que divergiam de Bermúdez, e Associação Brasileira de Psicodrama e Sociodrama (ABPS) (1970), com os que continuavam com a orientação bermudiana. Sempre com a liderança de uma dessas duas escolas, nos anos seguintes, várias cidades conseguiram organizar suas instituições.

Bermúdez continuou vindo ao Brasil para trabalhar na ABPS e também em Salvador (BA), na Associação Baiana de Psicodrama (Asbap) (1976), mas essa história Norte/Nordeste será narrada no Capítulo III, por Cybele.

Em 1971, o grupo mineiro promove uma assembléia de fundação da Sociedade Brasileira de Psicoterapia, Dinâmica de Grupo e Psicodrama (SBPDGP) – Seção Minas Gerais, que passa a organizar cursos de formação em psicodrama, de orientação terapêutica. Três anos depois do fim do DOT (1958-1968), o grupo mineiro mantém o psicodrama triádico vivo e organizado por meio dessa sociedade. Muitos migram para o psicodrama clínico.

Depois do congresso de 1970, no qual Weil apresentou o Psicodrama da Esfinge (*Revista da Febrap*, ano 1, n. 1, p. 19-23), ele passou "dois anos recluso, transformando esse psicodrama da esfinge em uma tese de doutorado". Sua defesa foi feita em Paris, na Sorbonne. Depois, ainda seguindo sua busca interior, Pierre Weil foi para o Oriente ampliar sua formação. Quando voltou, foi premiado pela Unesco por propor uma psicologia que reúne Ocidente e Oriente. Hoje vive em Brasília e é reitor da Universidade da Paz. Nos congressos ainda nos brinda com trabalhos psicodramáticos, do seu jeito.

Compartilho com o leitor uma preciosidade da minha conversa com Weil sobre seu último encontro com Moreno. Pouco antes de morrer, Moreno chamou Weil a Beacon e lhe disse durante a conversa: "passei o vida procurando Deus e não o encontrei".

Da chegada à institucionalização do movimento (1946–1976)

Para Weil, Moreno buscava a transcendência própria do homem cósmico, o que ele (Weil) havia conseguido no Oriente. Lá, encontrou uma nova consciência do universo, dos homens, da vida. Interessante ver, nesse depoimento Moreno–Weil, que Moreno continuou fiel ao propósito da Religião do Encontro, da juventude em Viena. Nessa mesma conversa, Weil disse-me que Zerka continuou a busca moreniana por uma percepção cósmica de Deus.

Feito o parênteses do encontro Moreno–Weil, voltemos ao desenvolvimento do movimento brasileiro.

Coube ao Sedes Sapientiae (SP) (1972), por meio do pioneirismo da Madre Cristina, a organização do original Departamento de Psicodrama. Nele, pela primeira vez, foram reunidos os professores das duas escolas rivais. Madre Cristina considerava que aquela briga dos *contra e a favor de Bermúdez* não combinava com o espírito moreniano. Outras escolas participaram desse movimento de reunificação, como a Sociedade Paranaense de Psicodrama e o Instituto de Psicodrama e Psicoterapia de grupo (IPPGC) de Campinas (1976). Nos primeiros anos, esses dois grupos pareciam irreconciliáveis. Pouco depois, veremos que isso não se confirma.

Também em 1972 foi fundada a primeira escola particular de psicodrama pedagógico, a "Role Playing", de propriedade de Marisa Greeb e com a orientação de Maria Alicia Romaña, esta última uma educadora argentina responsável pela adaptação do psicodrama ao enfoque pedagógico. Romaña havia chegado ao Brasil em 1969, com a equipe de Bermúdez. Com sua vinda, um novo grupo foi formado, reunindo 60 pessoas organizadas em quatro turmas, que iniciaram uma formação voltada para a educação, com currículo próprio e em local

JÚLIA MARIA CASULARI MOTTA

diferente dos grupos terapêuticos, mas integrada à liderança de Bermúdez.

Um fato importante, que acrescentou novos ingredientes aos estudos morenianos, foi a vinda de outro psicodramatista argentino para o Brasil, Dalmiro Bustos. Segue um pouco dessa história, narrada pelo próprio Bustos (2007):

> Cheguei ao Brasil através do convite feito pela dra. Azair Vicente para um trabalho no Hospital das Clínicas. Outras pessoas também participaram da iniciativa desse convite, como Antonio Carlos Cesarino, que havia assistido a um trabalho meu em Punta del Este. Após essa primeira visita ao Brasil, fui sendo convidado para dirigir um grupo, depois outro, e daí por diante. Estou falando do começo dos anos 70, mais precisamente no ano de 1975. Na época, eu viajava para o Uruguai com o objetivo de formar profissionais em psicodrama. Lentamente, fui substituindo Montevidéu por São Paulo. Comprei uma casa em São Paulo, para ter um lugar seguro com a minha família na época da ditadura. Nesse querido lugar abri o primeiro Instituto Moreno de São Paulo. Para um argentino como eu, o Brasil me faz bem, me dá alegria, sem perder a seriedade. Lentamente, fui me sentindo apaixonado pelos colegas que queriam aprender comigo. Senti que Moreno entrava mais fundo nos nossos países, nas nossas terras, do que na Europa, mais estruturada, menos flexível. Consegui ampliar a compreensão do sentido profundo da mensagem do meu mestre, que é pensar na ação como uma profunda investigação da alma humana, e o sharing (partilhar) como uma proposta de comunicação que vai muito além da terceira etapa do psicodrama. Em poucas palavras: amo esse país,

DA CHEGADA À INSTITUCIONALIZAÇÃO DO MOVIMENTO (1946–1976)

que sinto um pouco meu, e me sinto amado e respeitado.
Preciso de mais motivos para continuar vindo?

Com uma leitura que "amplia a compreensão do sentido profundo da mensagem do mestre", Bustos propôs algumas mudanças que passaram a ser adotadas por muitos psicodramatistas, como: abolir o palco-tablado e as duas cadeiras sobre o palco que sinalizavam a abertura e o fechamento da dramatização; uma nova maneira de ler os acontecimentos do grupo; um novo olhar para o processamento etc. Começou então um novo capítulo para o movimento, pois as *brigas* entre grupos, iniciadas no congresso de 1970, até então eram somente políticas. A partir desse enfoque, a divergência passou a ser também teórica.

Eram então basicamente três formas de processamento: o triádico, o baseado na Teoria do Núcleo do Eu e outro baseado no tripé teoria de papéis, espontaneidade–criatividade e sociometria.

A diversidade trouxe elementos de evolução, pois tivemos de desenvolver argumentações sólidas para defender nosso ponto de vista, mas também houve a fragmentação em grupos paralelos – o que poderia trazer um crescente risco à socionomia brasileira. Acrescido, é claro, das limitações nacionais.

Foi nesse cenário nacional de ditadura endurecida, e com conflitos entre grupos diversos, que nasceu a necessidade de organização nacional do movimento psicodramático brasileiro por iniciativa dos psicodramatistas José Fonseca, Ronaldo Pamplona, Vitor Dias, Içami Tiba, entre outros. Estava sendo gestada a Federação Brasileira de Psicodrama (Febrap) (1976). Tomo aqui a idéia de apresentar o psicodramatista Fonseca como protagonista da criação da federação no sentido de representante da intersubjetividade. Seu reconheci-

JÚLIA MARIA CASULARI MOTTA

mento como principal liderança do associacionismo foi ressaltado pelos ex-presidentes. Esses pioneiros viajaram Brasil afora visitando os pequenos grupos espalhados para falar da possibilidade de uma federação.

Não é possível deixar de registrar a peculiaridade da exigência de que os institutos deveriam ser sem fins lucrativos para se federalizarem. A motivação para que os institutos fossem sem fins lucrativos veio do desejo de criação de um movimento diferenciado do estilo psicanalítico, no qual "uma personalidade de proa capitaneava o navio" (Fonseca, 2000).

Na época, 14 escolas assinaram a Ata de Fundação. Pela ordem que aparece nessa ata, de 23 de agosto de 1976: José T. Diefenthaeler, pela Associação Sul-rio-grandense de Psicodrama, José Fonseca Filho, pela Sociedade de Psicodrama de São Paulo (SOPSP), Ronaldo de Carvalho Filho, pela Regional do Rio de Janeiro da Sociedade Brasileira de Psicoterapia, Dinâmica de Grupo e Psicodrama, Alfredo Correia Soeiro, pelo Instituto Brasileiro de Psicodrama, Waldeck D'Almeida, pela Associação Baiana de Psicodrama e Psicoterapia de Grupo, Maria Rita Seixas, pela Associação Brasiliense de Psicodrama, Iedo R. Borges, pelo Instituto de Psicodrama de Ribeirão Preto, Helio Koscky, pela Sociedade Brasileira de Psicoterapia, Dinâmica de Grupo e Psicodrama de Belo Horizonte, Regional Minas Gerais, Neli Klein do Valle, pelo Centro Paranaense de Estudos Psicodramáticos, Dario H. Garcia, pelo Grupo de Estudos de Ribeirão Preto (SBPDP), José Carlos Salzani, pela Associação Campineira de Psicodrama e Sociodrama, José Carlos Landini, pelo Instituto de Psicodrama e Psicoterapia de Grupo de Campinas (IPPGC), Luiz M. Silva, pela Associação Brasileira de Psicodrama e So-

DA CHEGADA À INSTITUCIONALIZAÇÃO DO MOVIMENTO (1946–1976)

ciodrama (ABPS), e Victor R.C.S. Dias, pela Associação de Psicodrama Sedes Sapientiae.

Apesar da busca de uma diferenciação da psicanálise, o primeiro estatuto federativo limitou a formação a psicoterapeutas, isto é, a médicos e psicólogos. Além disso, o modelo de formação centrado em três eixos – supervisão, teoria e vivências – trouxe aspectos do modelo psicanalítico. De alguma maneira, acabou-se por reproduzir alguns pontos da Sociedade de Psicanálise. Foram mantidos dois critérios de exclusão: outras escolas e outros profissionais. Entretanto, ganhamos muito com as federadas sem fins lucrativos no perfil novo para uma ciência da saúde. O campo estava sendo formado como espaço de lutas, concorrências, em que a presença do outro punha os participantes diante de alteridades com as quais tinham de lidar todo o tempo.

A partir da oficialização do movimento, uma tendência se fez hegemônica: o psicodrama clínico, diminuindo a participação socioeducacional, transformando o campo e *habitus* da comunidade psicodramática. O ideal dos alunos passou a ser conseguir sucesso em seus consultórios; para isso, o corpo de conhecimentos precisava permanecer centrado nas necessidades clínicas.

Uma breve pesquisa na *Revista Brasileira de Psicodrama* comprova que a maioria esmagadora dos trabalhos publicados esteve centrada nos saberes e poderes clínicos. Esse tema da revista é motivo do capítulo especialmente escrito por Devanir Merengué.

Também, em uma análise dos temas e programas dos congressos, é possível verificar que as mesas-redondas e os espaços de destaque tinham relação com as necessidades clínicas. Por muito tempo os congressos foram espaços de vivência psicoterápica, nos quais grandes nomes se projetavam. Os congressos estão refletidos neste livro por Lílian Tostes.

Somente mais tarde os movimentos de resistência dos grupos excluídos de escolas privadas ganharam força e espaço de representatividade. A prevalência do critério de admissão/rejeição aos cursos definia o campo e o *habitus*. Acrescido da fragmentação advinda do congresso de 1970, reproduziam o campo social persecutório, divisionista, da própria época da ditadura. Parece que a necessidade do movimento psicodramático de se fechar para sobreviver refletiu bem a sociedade temerosa da época – espaço fechado, privado, protegido, como único espaço viável e seguro de expressão. Foi preciso viver tal fechamento. Se de um lado perdemos em arejamento do enfoque social, de outro ganhamos em expansão da área clínica.

A Febrap salvou o movimento psicodramático da fragmentação que outras abordagens tiveram, mas perdemos em participação social. Nossa capacidade revolucionária ficou empobrecida nas décadas seguintes. Hoje, o número de federadas com fins lucrativos é maior que as sem fins lucrativos. Sinais dos tempos, necessidade de sobrevivência das escolas, que precisam desenvolver estratégias de competição. Mas dialeticamente nos põe diante de um perigo: escolas privadas têm como meta também o lucro, e o movimento é exposto mais diretamente aos princípios do capital. Para onde estamos caminhando?

Por exemplo, nas organizações o psicodrama vem recebendo críticas cada vez mais sérias fruto da ação de alguns grupos que se dizem psicodramatistas e desenvolvem trabalhos superficiais. Ouvi de alunos que, ao disputarem vagas em organizações, foram aconselhados a não dizerem que eram psicodramatistas. Por quê? Precisamos encarar o problema. Este livro pretende ser um estímulo à reflexão.

DA CHEGADA À INSTITUCIONALIZAÇÃO DO MOVIMENTO (1946–1976)

Vamos fazer uma pausa nas histórias centradas no triângulo da industrialização para compartilharmos com o Norte/Nordeste suas narrativas por meio de uma contadora de histórias nordestina. Vejamos o que Cybele nos relata do movimento psicodramático nessas regiões do país.

REFERÊNCIAS BIBLIOGRÁFICAS

FLOREZ, J. E. R. *O Psicodrama pedagógico no brasil*. Dissertação de Mestrado. Universidade de São Paulo, Faculdade de Educação, 1985 (mimeo.).

GOULART, I. B. *Psicologia da educação em Minas Gerais: história do vivido*. Tese de Doutorado. Pontifícia Universidade Católica, Programa de Estudos Pós-Graduados em Educação, São Paulo, 1985 (mimeo.).

MALAQUIAS, M. C. *Pastoral afro-achiropita: identidade e práticas de um catolicismo afro-brasileiro*. Dissertação de Mestrado. Pontifícia Universidade Católica, Programa de Estudos Pós-Graduados em Psicologia Social, São Paulo, 2003 (mimeo.).

_____. *Revisitando a africanidade brasileira: do teatro experimental do Negro de Abidias do Nascimento ao protocolo o problema do negro–branco de Moreno*. Monografia (Titulação psicodramatista-didata-supervisora). Sociedade de Psicodrama de São Paulo, São Paulo, 2004.

_____. "Percurso do Psicodrama no Brasil: década de 40 – O pioneirismo de Guerreiro Ramos". In: *Revista Brasileira de Psicodrama*, São Paulo, v. 15, n. 1, 2007, p. 33-39.

MOTTA, J. M. Casulari. *Fragmentos da história e da memória da psicologia no mundo do trabalho no Brasil: relações entre a industrialização e a psicologia*. Tese de Doutorado. Universidade de Campinas, Faculdade de Ciências Médicas, São Paulo, 2004 (mimeo.).

JÚLIA MARIA CASULARI MOTTA

_____. *A psicologia e o mundo do trabalho no Brasil: relações, história e memória*. São Paulo: Ágora, 2005.

MOTTA, J. M. Casulari *et al.* "Fatos do Psicodrama no Brasil". In: *Revista Brasileira de Psicodrama*, São Paulo, v. 4, n. 7, 1984, p. 5-14.

_____. "O Psicodrama (1949–2006) durante a industrialização, a ditadura e a redemocratização do Brasil". In: *Revista Brasileira de Psicodrama*, São Paulo, v. 14, n. 2, 2006, p. 145-164.

MURYATAN BARBOSA, S. *Guerreiro Ramos: o personalismo negro*. Dissertação de Mestrado. Universidade de São Paulo, Departamento de Sociologia, São Paulo, 2004 (mimeo.).

_____. "Guerreiro Ramos: O personalismo negro". In: *Tempo Social*, São Paulo, v. 18, n. 2, nov. 2006.

OLIVEIRA, L. L. *A sociologia de Guerreiro*. Rio de Janeiro: UFRJ, 1990.

PAMPLONA DA COSTA, R. "A chegada do Psicodrama no Brasil – Sua história de 1960 a 1970". In: *Revista Brasileira de Psicodrama*, São Paulo, v. 9, n. 2, 2001.

Entrevistas

FONSECA, J. Entrevista sobre a criação da Febrap. São Paulo, 2005-2006.

AMARAL, G. Entrevista sobre a Febrap. Goiânia, 2006.

WEIL, P. Entrevista sobre a criação do DOT. Belo Horizonte, 2004 (Vídeo).

Depoimentos

CESARINO, A. Depoimento sobre o V Congresso Internacional de Psicodrama em 1970. São Paulo, 2007.

BUSTOS, D. Depoimento sobre sua trajetória no Brasil, São Paulo. 2007.

III
BREVE LEITURA HISTÓRICA DO PSICODRAMA NO NORDESTE
Cybele Maria Rabelo Ramalho

> Num tempo em que calar era a norma, num tempo em que a ditadura militar nos impedia do convívio social e ceifava nossos sonhos e nossa cidadania, fazer psicoterapia de grupo e fazer psicodrama era um risco de vida; a ética nos tempos de AI-5 – estamos falando de 1968 e da década de 1970 – não existia, senão no âmago de pessoas que respeitavam os princípios da liberdade e da vida, da espontaneidade e da criatividade. (Vânia Simonetti, entrevista por e-mail, 2007)

Vamos imaginar o psicodrama aportando no Nordeste do Brasil pelo Estado de Pernambuco e pela Bahia. Essa história se inicia em uma época em que a simples idéia de se reunir em grupo era ameaçadora. No início da década de 1970, não havia a variedade de abordagens psicoterápicas reconhecidas que atualmente encontramos. Predominava o behaviorismo e a psicanálise nas escolas de psicologia, porém estes ainda não satisfaziam os profissionais da área psi interessados em uma atuação mais social, mais engajada politicamente e mais direcionada às relações interpessoais. Notadamente a partir de 1968, muitos profissionais nordestinos buscavam enfatizar a participação e as atividades coletivas nas práticas psi, não só para fazer um contraponto à hegemonia das abordagens analíticas e individualistas, como também para fazer um contraponto à ditadura militar.

No final da década de 1960, fervia no Sudeste do país a chegada da socionomia, mais em especial do psicodrama, como o leitor já teve a oportunidade de ler nos capítulos anteriores. Os rumores da chegada dessa nova abordagem se espalhavam entre os profissionais nordestinos como uma luz no fim do túnel. E como foi a chegada da socionomia na região Nordeste?

Essa região, tradicionalmente conhecida pelo coronelismo e pela repressão política, pela seca castigante e por sérias dificuldades socioeconômicas, também já havia sido berço de muitas lutas revolucionárias: o fenômeno do cangaço (com a figura lendária de Lampião), a revolta de Canudos (com Antônio Conselheiro) e a rebelião do Quilombo dos Palmares (com Zumbi), somente para lembrar alguns episódios históricos, entre outros. Poderíamos dizer que essa região também ajudou a construir parte da história da revolução psiquiátrica brasileira. Neste capítulo pretendo recuperar uma parte da memória dos primeiros expoentes desse movimento de abertura no campo psicológico, que fez semear e multiplicar os princípios socionômicos na região Nordeste.

Este capítulo poderá se apresentar ao leitor como um tanto denso, uma vez que discorre sobre fatos e movimentos ocorridos durante mais de três décadas, apelando para linhas

BREVE LEITURA HISTÓRICA DO PSICODRAMA NO NORDESTE

soltas de memória que alinham e desalinham diversas tendências. Na verdade, ele é uma construção coletiva, foi tecido como resultado de entrevistas abertas com os pioneiros e de consultas subjetivas em várias direções, já que não temos registros a respeito.

O PSICODRAMA NA BAHIA

Comecemos o relato pela Bahia, berço de muitos outros nascimentos e pioneirismos.

O psicodrama chegou à Bahia por meio do psiquiatra Waldeck D'Almeida, que por sua vez conheceu o psicodrama por intermédio da psicóloga Sira Paim, ex-aluna de Jaime Rojas-Bermúdez. Sira é paulista e veio à Bahia ministrar algumas aulas vivenciais no Serviço de Psiquiatria do Hospital das Clínicas da Universidade Federal da Bahia. Nessa época, Waldeck era recém-formado e estava interessado em se especializar em uma modalidade terapêutica grupal que fosse uma alternativa para as formas de tratamento convencionais vigentes, até que recebeu uma bolsa para estudar na Argentina e aperfeiçoar-se em psicoterapia de grupo. Assim, em 1970, foi fazer seus estudos em Buenos Aires, no Hospital Nacional José T. Borda, como residente em psiquiatria e, paralelamente, submeteu-se à psicanálise com o psicanalista José Bleger. Este, percebendo seu entusiasmo pelo psicodrama (em atividade oferecida no programa de residência), recomendou que iniciasse sua formação em psicodrama com Rojas-Bermúdez. Assim, Waldeck concluiu seu curso de formação em psicodrama pela Associação Argentina de Psicodrama e Psicoterapia de Grupo.

De 16 a 22 de agosto de 1970, ocasião em que ocorreu o V Congresso Internacional de Psicodrama e Sociodrama em

São Paulo (no Masp), Waldeck estava em Buenos Aires e não pôde comparecer, mas soube das rupturas ocorridas no grupo de paulistas, que recebiam a formação por meio do grupo de Bermúdez. Muitos conflitos e divergências foram exacerbados no V Congresso, como já mencionado nos primeiros capítulos. Tais rupturas já estavam presentes no movimento psicodramático internacional e no contexto latino-americano, gerando cisões político-institucionais. No entanto, Waldeck, alheio a esse processo, continuou seu curso, retornando a Salvador em 1973.

Nesse ano, o renomado médico baiano Rubim de Pinho abriu as portas da Universidade Federal da Bahia para que Waldeck desenvolvesse vivências de *role playing* com os médicos residentes (tal como acontecera em seu período de residência em Buenos Aires), contando ele nesse trabalho com a colaboração da psicóloga Maria Amélia Lira Gomes, como ego-auxiliar. Nessa época, o Núcleo de Estudos Psicoterapêuticos (NEP) (que contava com as participações de Sira Paim, Urânia Peres, Aurélio Souza e Luiz Humberto Pinheiro, entre outros) financiou a vinda de Rojas-Bermúdez da Argentina para a I Semana de Psicodrama da Bahia, em 1973.

Esse encontro foi um sucesso, despertando o interesse de muitos psicoterapeutas que se reuniram para formar a primeira turma de Formação em Psicodrama, coordenada por Waldeck e Graciela Sepich D´Almeida (esposa do Waldeck, psicodramatista argentina, também formada por Bermúdez). Nesse primeiro grupo estavam Romélia Santos, Paulo Sérgio Amado dos Santos, Maria Fernandes, Sandra Caria, Hunaldo Costa, Antônio Carlos Costa e Elvira, entre outros. Ele fundou a primeira entidade de psicodrama da Bahia, a Associação Baiana de Psicodrama (Asbap), em 8 de abril de 1976,

BREVE LEITURA HISTÓRICA DO PSICODRAMA NO NORDESTE

e organizou a II Semana de Psicodrama da Bahia, em agosto do mesmo ano. Em 1977 a Asbap participou da fundação da Federação Brasileira de Psicodrama (Febrap), iniciando o processo de institucionalização e formação de alunos. A Associação Argentina de Psicodrama e Psicoterapia de Grupo, da qual Bermúdez era presidente, oferecia cursos específicos teórico-prático-vivenciais, periódicos, sobre diversos temas do psicodrama.

No período de 1973 a 1978, alguns profissionais que atuavam na UFBA e nos centros comunitários de saúde pública começaram a desenvolver práticas sociais reconhecendo e utilizando a importante contribuição do psicodrama, difundindo as idéias de J. L. Moreno. Em 1977 aconteceu uma cisão dentro da Asbap, que, segundo as fontes consultadas, foi motivada por divergências teóricas e ideológicas, já ocorridas no grupo paulista (assim como no grupo argentino) desde 1970. Três participantes dessa primeira turma da Asbap (Hunaldo Costa, Paulo S. Amado dos Santos e Romélia Santos), por ocasião de um Encontro de Saúde Mental ocorrido no Paraná, conheceram o professor José Fonseca e se identificaram mais com a proposta de formação do grupo da Sociedade de Psicodrama de São Paulo (SOPSP), que divergia da formação bermudiana e seguia uma orientação de Dalmiro Bustos.

Nesse período da ditadura militar, no seio de um processo de resistência político-social, iniciava-se nacionalmente o movimento da reforma psiquiátrica. Entre 1978 e 1979 o psiquiatra e militante político do Partido Comunista do Brasil Paulo S. Amado dos Santos já estava muito envolvido com o Movimento dos Trabalhadores de Saúde Mental e com as questões que viriam a desencadear o projeto da Reforma Psiquiátrica. E, juntamente com a psiquiatra Maria Luisa Soliane, estavam desenvolvendo experiências socionômicas comunitárias em instituições (na Casa de Saúde Ana Nery, na Casa de Saúde Santa Mônica e no Centro Comunitário de Saúde Mental Mario Leal). Essas experiências socionômicas institucionais extrapolavam o modelo da clínica psicodramática embasada em uma compreensão intrapsíquica do Núcleo do Eu desenvolvido por Rojas-Bermúdez. Segundo esses profissionais, a quem interessava a formulação socionômica moreniana (defendida por Fonseca Filho, Gonçalves e Naffah Neto, entre outros), a proposta teórica do Núcleo do Eu (de Bermúdez) caminhava em outra direção. Por essa razão, o mesmo movimento de ruptura ocorrido em São Paulo, inevitavelmente veio a se desenvolver em Salvador.

Assim, no início de 1978 foi criado, por parte desse grupo que se afastou da Asbap, o Centro de Psicodrama da Bahia (CPBA) para constituir uma nova turma de formação. Sua primeira presidente foi a psicóloga e professora da UFBA, Romélia Santos. O CPBA passou a ser uma instituição aspirante à filiação da Febrap, apoiada pela Sogep (Sociedade Goiana de Psicodrama). Posteriormente, ainda em 1978, ao filiar-se à Febrap, passou a se chamar Sociedade de Psicodrama da Bahia (Sopsba). Romélia Santos foi reeleita presidente, com Paulo Amado como vice. Também faziam parte desse grupo Maria Luisa Soliane, Sandra Almeida, Maria Zélia Bandeira, Antônio Carlos Costa, Maria Eugênia Nery, Célia Moysés, Mário Nascimento, Eduardo Saback, Maria Célia Gomes, Antônio Moura e Francisca Guerra.

A Sopsba tinha como principais objetivos estudar, praticar e divulgar as idéias de J. L. Moreno e seus seguidores, assim como promover os cursos de formação em psicodrama terapêutico e pedagógico. Para tanto, foram convidados inicialmente os professores da Sociedade de Psicodrama de São Paulo (SOPSP) José Fonseca, Alfredo Naffah Neto, Aníbal Mezher, Antônio Carlos Eva e Maria Alicia Romaña. Outros professores foram posteriormente convidados para contribuir nessa formação, entre eles Miguel Perez Navarro, Antônio Gonçalves, Içami Tiba, Sérgio Perazzo, Júlia Casulari Motta, Regina F. Monteiro e Marisa Greeb, entre outros. A Sopsba recebeu o apoio de Maria Alicia Romaña para constituir o primeiro grupo de formação em psicodrama pedagógico na Bahia, que incluía Sandra Caria, Camerino Prates, Maria Alice, Angélica e Zélia Madeira, entre outros.

Então, a partir de 1978, na Bahia passaram a existir duas entidades de formação, a Asbap e a Sopsba. Por conseqüência da cisão anteriormente citada, a primeira turma que realmente concluiu o curso pela Asbap, criada em 1977, foi formada por Tani Pedreira, Sílvia Bloise, Mônica Jesuíno, Fani Goldstein, Carolina Ywata e Kátia Modesto. A terceira turma incluiu Maria Amélia Lira Gomes, Regina Castro, Jane Montes, Lúcia Guimarães, Margarida Rego, entre outros psicólogos e psiquiatras.

Em 1978 a Asbap colocou em atividade sua clínica socializada e iniciou o desenvolvimento de outras atividades além do curso de formação, como seminários, conferências, psicodramas públicos, *workshops*, oficinas, atendimento a psicóticos e neuróticos graves em um formato sociopsicoterapêutico, inspirado nas comunidades terapêuticas de M. Jones. Assim, em 1987 a Asbap implantou em Salvador o Programa de Sociopsicoterapia Intensiva (PSI-Asbap), que foi uma adaptação para a realidade baiana da *estrutura terapêutica* proposta por Rojas-Bermúdez. Sob a supervisão de Waldeck D'Almeida, o programa contou com a colaboração de Hunaldo Fonseca, Geonaldo Fonseca, Heitor Andrade, Maria de Fátima Santa Rosa Guimarães, Angela Trocoli, Thereza Valadares, Ailton Souza e Maria Ines Barros.

As duas entidades, ambas filiadas à Febrap, desenvolveram seus trabalhos estendendo a divulgação do psicodrama não somente para psicólogos e psiquiatras, mas para a comunidade carente, nas instituições em geral e nas unidades de ensino superior (nos cursos de psicologia, medicina e na Faculdade de Educação etc.). Waldeck D'Almeida e Paulo Amado dos Santos foram os pioneiros responsáveis pela chegada do psicodrama ao interior da Bahia: Waldeck desenvolveu alguns grupos de formação em Vitória da Conquista e Paulo Amado desenvolveu outros grupos em Feira de Santana, este último aberto a educadores, administradores e psicólogos, pois a Sopsba defendia a abertura da formação para além do modelo médico e a difusão da socionomia a outras categorias que lidassem com o humano.

Em 1991 foi criada a terceira entidade de formação em psicodrama em Salvador, o Centro de Psicodrama e Sociodrama (Ceps), que iniciou suas atividades inserido no movimento psicodramático brasileiro por meio de sua filiação à Febrap realizada por seus sócios fundadores Thereza Valladares, Geonaldo Fonseca, Jane Cresus Montes e Jacqueline Walter. O Ceps teve como berço psicodramático a Asbap, pois, em 1976, Thereza Valladares conheceu o psicodrama por intermédio de Jaime Rojas-Bermúdez, por ocasião da II Semana de Psicodrama da Bahia, evento promovido nesse ano pela Asbap na Biblioteca Pública de Salvador. Thereza ficou impressionada com a participação de profissionais oriundos de várias áreas do saber comungando de uma mesma linguagem unificada pelo modelo da ação psicodramática, imersos em uma experiência pluralista e multicultural. Assim, em 1977, ela também buscou a Asbap, integrando o primeiro grupo que concluiu o curso por essa entidade. Daí segue para Buenos Aires e ali cursa terapia familiar, terapia de casal, estruturação do papel de ego-auxiliar, além de outros cursos. No Centro Médico Dr. Rojas-Bermúdez vivencia a aprendizagem do modelo da *estrutura terapêutica*. Em seguida, vai para Londres para, no Gerda Boyesen Institut of Biodynamic Psychology, estudar biodinâmica e integrá-la à aprendizagem do psicodrama.

Assim o Ceps, dirigido pela psicodramatista sergipana Thereza Valladares, também passa a divulgar o psicodrama em conferências, seminários, palestras, psicodramas e sociodramas públicos, oficinas e cursos periódicos. O corpo docente do Ceps, em diversas etapas, contou com Heitor Andrade, Maria Amélia Vilafane Gomes, Margarida Rêgo, Maria Lúcia Machado, Rosana Rebouças, Sônia Suzana N. Santos, Sônia Pinto, Regina Castro, Tani Pedreira, Leonídia Guimarães, Waldeck D'Almeida, Fátima Cristina Fontes, Mônica Caluete, Raimundo Nonato dos Santos Pereira, Rita Quadros Penalva, Georges Salim Khouri, Joana D'arc Sales, Luiza Lacerda de Oliveira, Ana Paula Cavalcante, Antonia Lúcia Leite Ramos, Isabel Rosana Borges Barbosa, Sabrina Calmon de Oliveira e Maria Doralice de Souza.

A SOCIONOMIA APORTANDO EM SERGIPE, PARAÍBA E ALAGOAS

No entanto, os pioneiros da Bahia não ficaram apenas nesse estado. Em 1978, por ocasião do I Encontro de Psicodrama da Paraíba, Waldeck D'Almeida foi convidado a iniciar uma turma de formação em João Pessoa, ficando então à frente dela Nalícia Inêz Negrão Bueno, Célia Luis da Silva e Salete Patrício de Sá. No entanto, o grupo que iniciou não concluiu a formação, faltando a Célia Luís da Silva a apresentação da monografia de conclusão do curso. As pessoas interessadas continuaram sua formação posteriormente em Recife, no Instituto Pernambucano de Psicodrama (IPP).

Em 1980, a convite do psicólogo Antônio Guinho, que havia participado do primeiro grupo de formação com Pierre Weil em Recife, Vânia Simonetti participou de um evento com psicodrama público realizado pelo Instituto Paraibano de Educação, em João Pessoa.

Só recentemente o psicodramatista Marco Amato (do Ceará) iniciou uma turma de psicoterapia psicodramática em João Pessoa, com a promessa de transformá-la futuramente em uma formação.

Em 1984, por ocasião de um congresso Norte–Nordeste de psiquiatria realizado em Aracaju, os psicodramatistas e professores-supervisores Paulo S. Amado dos Santos e Romélia Santos (da Sopsba) foram convidados para desenvolver, a partir desse evento, um curso de psicodrama. Nessa ocasião, entraram em contato com psicólogos e psiquiatras de Sergipe, inclusive com Cybele Ramalho, que já havia conhecido o psicodrama em 1980 (em um encontro promovido em João Pessoa) e em 1981, no Simpósio Tendências Psi, em Olinda (PE), por meio do trabalho de Vânia Simonetti e Ivan Campos.

Romélia Santos manteve contato com a psiquiatra Marilene Queiroz (que era aluna da formação da Sopsba em Salvador, mas havia passado a morar em Aracaju a partir de

1983) para que, juntamente com Cybele Ramalho, formassem a primeira turma de formação em psicodrama de Aracaju. Assim foi reunida, em 1985, a primeira turma do Estado de Sergipe. Inicialmente as psicodramatistas baianas Simone Teixeira Franco e Célia Sacramento Gomes (formadas na quarta turma da Sopsba) iniciaram um grupo de estudos em Aracaju, mas no final de 1985 foi reunido, finalmente, um grupo de formação.

Integravam este primeiro grupo: Marilene Queiroz, Cybele M. R. Ramalho, Alberto P. Garcia, Íris Delmar L. de Medeiros, Talita Gueiros Castor, Luciene Tavares de Almeida, Rosauro Luna Torres, Lídia Lisboa, Djalma Marques, José Garangau e Roberto de Carvalho Lima, entre outros. Esse grupo criou, em 1987, o Centro de Estudos Sociopsicodramáticos de Sergipe (Cespse), dirigido por Luciene Tavares e posteriormente por Cybele Ramalho.

A Sopsba manteve turmas contínuas de formação em Aracaju por 16 anos, com a coordenação de Paulo S. Amado dos Santos, no início com Romélia Santos e, depois, com a colaboração e parceria de Cybele Ramalho. Em Sergipe aconteceram quatro jornadas de psicodrama com o apoio da Sopsba, que por sua vez formou em Aracaju as cinco primeiras turmas de psicodramatistas.

Somente em 2001 foi criada em Aracaju a Profissionais Integrados Ltda. (Profint), entidade dirigida por Cybele Ramalho, que se associou à Febrap e continua o desenvolvimento do psicodrama em Sergipe.

A formação em Aracaju já contou com a colaboração dos professores convidados José Fonseca, Wilson Castello de Almeida, Moysés Aguiar, Luis Contro, Marcos Maida, Júlia Casulari Motta e Sérgio Perazzo, além dos professores regulares da Bahia, provenientes da Sopsba: Paulo Sérgio Amado dos Santos, Romélia Santos e Antônio Carlos de O. Sousa. Outros professores de outras entidades baianas também colaboraram: Theresa Valladares (do Ceps) e Rosana Rebouças (da Asbap).

Atualmente a Profint já formou quatro turmas, mas não se centra apenas na formação de socionomistas. Já tem sede própria e desenvolve, além do atendimento clínico à população carente (como estágio dos alunos em formação), trabalhos comunitários e projetos socioeducacionais de base socionômica.

A partir de 2006 o Centro de Psicodrama e Sociodrama (Ceps), com sede na Bahia, também começou a atuar em Aracaju, juntamente com Talita Gueiros Castor, Mônica Caluette e Thereza Valladares coordenando o Curso de Terapia Familiar e de Casais na orientação sociodramática.

Em 1996 Waldeck D'Almeida (representando a Asbap) levou o psicodrama para Maceió (onde já havia estado em 1979, por ocasião do XIV Congresso Brasileiro de Psiquiatria, Neurologia e Higiene Mental, ministrando curso introdutório de psicodrama), mantendo lá um grupo de estudos e uma turma de formação que permaneceu até 2006, e continuou seu processo formativo diretamente com a Asbap.

A SOCIONOMIA EM PERNAMBUCO

O psicodrama chegou a Pernambuco um pouco mais cedo do que à Bahia, na década de 1960, quando já havia um grupo de profissionais pernambucanos que, em plena efervescência da ditadura política, insistia em acreditar no potencial humano espontâneo criador e na força mobilizadora e transformadora dos grupos. Esse grupo era composto por Áurea Castilho, Maria Helena Belfort, Johannes Berkers, Rosa Maria Pereira, Sandro Meira, Luiz Maia, Tânia Monteiro, Maria do Carmo Vieira, Grace Wanderley, Mozart, Alba Guerra e Maria Ayres, entre outros. Entre os que já faleceram estão Auxiliadora Moura e Walter Barros.

Esses profissionais trouxeram, em meados da década de 1960, o psicodramatista francês Pierre Weil (veja o DOT, no Capítulo II) constituindo o primeiro grupo de formação em psicodrama triádico.

Registramos, já na década de 1970, um segundo grupo dessa formação com Pierre Weil, do qual participaram Sônia Pinto, Romero Carvalho, Miguel Ramos Pereira, Carmem Maria Mota Cardoso e Francisco Trindade.

Nos anos 1980, já em tempos de anistia, de muitas lutas sociopolíticas e o vislumbre de possível democracia, o campus universitário da Unicap – Universidade Católica de Pernambuco, por meio do Departamento de Psicologia, sob a coordenação de Amparo Caridade, foi palco do primeiro psicodrama público do Recife. O evento aconteceu no dia 1º de abril de 1981, dirigido pelos psicodramatistas Ivan Gonçalves Campos e Vânia Simonetti (do Rio de Janeiro), em comemoração aos 60 anos de criação do psicodrama por J. L. Moreno.

Também em 1981 foi realizado em Olinda (PE) o I Simpósio Tendências Psi, promovido pelo Grupo de Estudos e Trabalho (Gesto), que congregou profissionais de várias tendências, como Maria Rita Kehl, Hélio Pellegrino, Eugênio Marer, Carlos Ralph, Pedro Prado, José Ângelo Gaiarsa, Eduardo Tornaghi, Eduardo Maia, Fábio Landa, Áurea Castilho, entre outros. O psicodrama esteve representado na abordagem triádica por Gracy Wanderley, Gentil Sena, Lucina Araújo, Paulo Braz e

CYBELE MARIA RABELO RAMALHO

Socorro Albino, de Recife. O *Jornal Vivo*, o Teatro Espontâneo e um minicurso vivencial foram apresentados por Vânia Simonetti e Ivan Campos. Esse evento marcou consideravelmente a divulgação do psicodrama em Pernambuco e na região Nordeste como uma abordagem inovadora de destaque entre tantas que emergiam na década de 1980.

Vânia havia tido as primeiras experiências psicodramáticas na linha do grupo triádico com Áurea Castilho e desde 1978 participava ativamente do movimento psicodramático no Rio de Janeiro e em sua divulgação em Pernambuco. Ambos, Ivan Campos e Vânia Simonetti, participaram do grupo de formação na Associação Brasileira de Dinâmica de Grupo, Psicoterapia de Grupo e Psicodrama, no Rio de Janeiro, que era organizado em parceria com a SOPSP.

Entre 1980 e 1985 Ivan e Vânia divulgaram o psicodrama entre Recife e João Pessoa, fundando cinco grupos autônomos de psicoterapia psicodramática.

Em 1983 Maria Cecília Veluk (que posteriormente seria presidente da Febrap) criou o Instituto Pernambucano de Psicodrama (IPP), credenciado pela Febrap. Cecília foi a sua primeira presidente, sendo substituída depois por Rubem Melo. Em 1988, sob a presidência de Rubem Melo, Recife sediou o I Encontro Norte–Nordeste de Psicodrama, organizado pelo IPP, que contou com a participação maciça da Asbap.

Em 1989 Waldeck D'Almeida foi convidado a participar da supervisão e conclusão do curso de algumas integrantes do IPP; posteriormente, essas integrantes resolveram se vincular à Asbap. Nessa época, Francisca Guerra (formada pela Sociedade de Psicodrama de São Paulo) e Marluce Praciano também trabalhavam em consultório particular em Recife utilizando o psicodrama.

Nos anos 1990, o psicodrama em Pernambuco já estava em intensa atividade. Fátima Fontes, Mônica Caluette e Zenaide Regueira fundavam o Centro de Estudos e Atividades Psicodramáticas (Cedap), que iniciou um curso de formação em psicodrama com o apoio da Asbap.

Em 1992, Thereza Valadares, do Ceps da Bahia, participou, em Recife, da sessão aberta de psicodrama no evento inaugural do Cedap – Centro de Estudos e Atividades Psicodramáticas e, em 1993, da Sessão Aberta de Sociodrama. De 1994 a 1998 Thereza participou de supervisão e psicoterapia das alunas em formação, assim como da supervisão para a criação e acompanhamento da estruturação do Cedap.

Posteriormente, o Cedap, com algumas turmas já formadas, veio a se dissolver e alguns integrantes resolveram concluir sua formação com a Asbap – no entanto, depois eles seguiram caminhos próprios. Com a dissolução do Cedap, as psicólogas Ana Carolina Azevedo, Dirle Portela, Suely Emília de Barros Santos e a médica psiquiatra Cristiene Tenório vincularam-se ao Ceps e lá concluíram sua formação.

Mônica Caluette coordenou, seguida por Suely Emília de Barros Santos, o primeiro grupo de formação em psicodrama do Ceps, no Recife, tendo como integrantes Alcione Melo, Núbia Gurgel, Socorro Bezerra e Joelson Passos, entre outros. Atualmente (2007), Mônica Caluette é coordenadora de ensino e ciências do Ceps e responsável pela formação de novas turmas.

O Cedap foi dissolvido, mas seu trabalho psicodramático nos bastidores continuou. Dessa forma, Ana Carolina Azevedo, Suely Emília de Barros Santos e Inês Aguiar formaram o Grupo de Estudos Psicodramáticos (GEP), que se dissolveu em 2004.

Em 2000 Recife foi escolhida pelo Ministério da Saúde como uma das seis cidades brasileiras a integrar o Projeto Piloto de Humanização dos Hospitais Públicos. A Febrap e a Sociedade Brasileira de Psicanálise foram acionadas e o projeto foi realizado no Hospital Getúlio Vargas de Recife. Para tanto, Heloísa Fleury, então presidente da Febrap, vem a Recife contatar as pessoas envolvidas com o psicodrama. É dessa maneira que Cristiene Tenório, que já havia feito parte de grupos anteriores, passa a ser consultora do Ministério da Saúde nesse projeto, representando a Febrap.

Por ocasião do Congresso Brasileiro de Psicodrama, realizado na Costa do Sauípe (BA) em 2002, Cristiene Tenório entrou em contato com Cida Padovan e convidou o Instituto Cosmos de São Paulo (filiado ao Instituto J. L. Moreno de Buenos Aires) a constituir uma filial em Recife. Surgiu, então, uma nova federada, com Cristiene, Adineide Nolasco, Patrícia Campos, Geórgia Lopes, Aurenize Sá Cavalcanti e Mazira Novaes, e o Instituto Cosmos (que tem sede em Guarulhos e possui filiadas em Joinville e Fortaleza, desde 2002) passa a ter uma filial em Recife, com direção de Cristiene Tenório e Patrícia Campos. Posteriormente, elas se organizaram e montaram o Instituto Cosmos de Recife, que também passa a fornecer a formação em psicodrama, filiando-se à Febrap.

Atualmente, além do Instituto Cosmos de Recife, atua em Pernambuco o Núcleo Asbap/Recife, criado em 1998. Esse núcleo continua oferecendo cursos de formação em psicodrama, coordenados por Suely Emília de Barros Santos e tendo como colaboradores Ana Carolina Azevedo, Mônica Caluette, Severina Santana, Socorro Bezerra, Ilcélia Soares e Vânia Simonetti. A singularidade desta formação consiste na criação do projeto *Psicodramatizando na Rua*, cuja proposta reside na possibilidade de intervenção clínica-social-comunitária para além dos paradigmas tradicionais fundados no sujeito isolado e na prática dos consultórios. A peculiaridade desse projeto está no cuidado do ser humano e de suas relações no palco da vida, estabelecendo parcerias com ONGs, realizando capacitações profissionais e oficinas sociopsicodramáticas em instituições públicas e privadas.

Por outro lado o Instituto Cosmos vem crescendo também no âmbito social, realizando trabalho conjunto com as prefeituras de Recife e de Olinda, capacitando profissionais do Programa de Saúde da Família e de Saúde da Mulher. Assim, o trabalho sociocomunitário nos remete à transformação do contexto social reintroduzindo o psicodrama em sua origem social.

UM ESBOÇO DA SOCIONOMIA NO CEARÁ

O psicodrama no Ceará teve um desenvolvimento diferenciado dos demais estados dos quais já falamos. O psicodrama chegou nesse estado por meio do professor Alfredo Correia Soeiro, participante do primeiro grupo formado por Rojas-Bermúdez em São Paulo. Os contatos iniciais de Soeiro com o Ceará aconteceram por intermédio da Universidade Federal do Ceará (UFC), na Faculdade de Psicologia, em 1976.

A vinda de Soeiro para a universidade proporcionou o encontro com alguns diretores do Hospital Mira y Lopes (Roberto e Sônia Lobo). Desse encontro nasceram dois grupos de formação em psicodrama em 1977. O primeiro foi formado por Roberto Lobo, Marcus Vinicius Ponte de Souza, Wedja Granja Costa, Paulo Oriani, Elza de Araújo Coelho e José Tarcísio Diniz. O segundo grupo foi constituído cerca de dois meses depois e era formado por Heraldo Guedes Lobo, Selma Nogueira Landim, Leda Araripe, Galba Lobo Jr., Antônio Weimar Gomes dos Santos, Ana Maria Lage, Suzy Yang Ferreira, Edmundo Barbosa, Urico Gadelha, Maria Adélia Oriani, José Bezerra do Patrocínio e Neide Fernandes Monteiro. Os professores dessa formação foram os ligados a Alfredo Soeiro, provenientes de São Paulo (capital) e de Ribeirão Preto.

Essas duas primeiras turmas tinham por finalidade, além de obter uma formação com uma abordagem terapêutica, melhorar o atendimento em grupos dos pacientes do Hospital Mira y Lopez, de modo que alguns de seus médicos assistentes faziam parte dessas turmas. A maior parte dos grupos era formada por psiquiatras.

Em fevereiro de 1978 foi fundada a primeira escola de psicodrama do Ceará, a Associação Cearense de Psicodrama, por meio dos médicos cearenses José Tarcísio Diniz, Marcos Vinícios Ponte de Sousa e Roberto Augusto de Mesquita Lobo. Após algum tempo Roberto Lobo criou a Fundação Instituto do Homem, que se tornou a segunda escola de psicodrama do Ceará. Foram convidados para fornecer alguns módulos e supervisões nas turmas do Instituto do Homem os profissionais Içami Tiba, Regina Fourneau Monteiro e Rojas-Bermúdez, entre outros.

Posteriormente, várias escolas foram fundadas no Ceará, embora apenas três tenham se filiado à Febrap. Uma das mais antigas foi a Matriz Criativa, fundada em 1992 por Marilene Queiroz, psiquiatra e psicodramatista baiana, que também iniciou sua formação em Aracaju, por meio da Sopsba. Marilene inicialmente contou, em Fortaleza, com a presença da professora-supervisora Maria Luisa Soliane (da Sopsba), propiciando a formação e orientando o Núcleo Moreniano de Psicodrama, que, em sua concepção inicial, foi fortemente influenciado pela Companhia de Teatro Espontâneo, de Moysés Aguiar. Em 1996, a companhia se extinguiu, mas no ano seguinte foi criada a entidade Matriz Criativa, com a direção de Marilene Queiroz e a participação de Arthur Queiroz, Fátima Moura, Fernanda Vasconcelos, Waleska Prata e Marluce Borges. Na Matriz Criativa foi montado em 1997 o primeiro modelo de formação integrando o psicodrama e a pesquisa-ação; e foi por volta de 1998, em uma assembléia da Febrap, que os representantes da Matriz Criativa (Marilene e Artur Queiroz) apresentaram o modelo de Fórum Gestor, sugestão adotada posteriormente pela Febrap.

Em 1995 Wedja Costa (sócia-fundadora do Instituto do Homem, professora do módulo de sociometria nessa mesma entidade e professora da Universidade Federal do Ceará), fundou a Fundação de Estudos e Pesquisas Socionômicas do Brasil (Feps do Brasil) juntamente com Leda Alencar e Silvia Riquet. No mesmo ano, fundou o Instituto de Psicodrama Jacob Levy Moreno, em Fortaleza, no qual exerce as funções de coordenadora dos cursos de formação e de diretora.

Uma das mais recentes escolas de Fortaleza, e filiada à Febrap, é o Instituto de Psicodrama e Máscaras, dirigido por Marco Antônio Amato, que iniciou suas atividades em Fortaleza em 1997 com a primeira turma de formação em psicodrama, na Casa da Esperança, dirigida por Cida Padovan, do Instituto Cosmos de São Paulo. De 2002 a 2006 o instituto recebeu os professores Dalmiro Bustos, José Fonseca e Mario Buchbinder (diretor do Instituto de Máscaras de Buenos Aires). Atualmente tem como professores-colaboradores Susana Kramer, Lílian Adeodato e Lise Mary, entre outros.

A mais recente formação em psicodrama é um curso ligado à Universidade Estadual do Ceará, coordenado por Danúzio de Macedo Carneiro.

O Instituto do Homem, primeira entidade cearense filiada à Febrap, permaneceu filiado durante muitos anos, mas nos finais da década de 1990 desligou-se da federação.

EFEITOS MULTIPLICADORES DA SOCIONOMIA NO NORDESTE BRASILEIRO

Na região Nordeste enfrentamos inúmeras dificuldades para a manutenção e a sustentabilidade das entidades, regidas ou não pela Febrap. Tais dificuldades variam desde as grandes distâncias territoriais entre os estados nordestinos, o que dificulta sua troca e intercâmbio entre professores–supervisores e sua intercomunicação, até a instabilidade econômica para a manutenção das atividades de formação.

Apesar de tais dificuldades, ocorreram dois congressos brasileiros de psicodrama na Bahia, organizados pela Febrap: o VI CBP (1988) aconteceu em Salvador e foi presidido por Maria Luisa Soliani Costa; em 2002 aconteceu em Costa do Sauípe (BA) o XIII CBP, presidido por Waldeck D'Almeida.

Também aconteceram encontros Norte–Nordeste de psicodrama: o primeiro foi realizado em Pernambuco, em 1987, presidido pelo IPP; o segundo foi em Fortaleza, presidido por Wedja Costa (Feps do Brasil); o terceiro foi em Salvador, presidido por Maria Amélia Lira Gomes (Asbap) e Paulo S. Amado dos Santos (Sopsba); o quarto encontro foi em Salvador, presidido por Paulo Amado dos Santos (Sopsba); o quinto foi em Fortaleza, presidido por Marilene Queiroz (da Matriz Criativa); o sexto foi em Recife, presidido por Cristiene Tenório (do Instituto Cosmos), em 2003; o sétimo foi em Aracaju, presidido por Cybele M. R. Ramalho (da Profint), em 2005, e o oitavo foi em Fortaleza, presidido por Marco A. Amato (do Instituto de Psicodrama e Máscaras), em 2007.

Alguns psicodramatistas nordestinos já estiveram presentes na diretoria da Febrap, como Maria Amélia V. Gomes (gestão biênio 1994 – 1995), Thereza Valladares (gestão biênio 1996 – 1997) e Paulo Amado (gestão 1998 – 1999), representando a Regional N/NE na Câmara de Ensino e Ética. Além disso, Cybele M. Rabelo Ramalho, Antônio Carlos de Oliveira Souza, Paulo Amado e Romélia Santos participaram do conselho editorial da *Revista Brasileira de Psicodrama*.

Atualmente, o psicodrama no Nordeste se multiplica, saindo dos espaços apertados dos consultórios privados e ocupando os espaços interinstitucionais. Ainda em 1992 a Sopsba, por meio de Jorge Artur Queiroz, montou provavelmente o primeiro curso de psicodrama na Bahia como extensão da universidade (UFBA) – uma época em que nacionalmente essa aproximação com o mundo acadêmico e das pós-graduações estava bem na fase inicial. Atualmente, após 31 anos de psicodrama, nas unidades de ensino superior da Bahia, por exemplo, existem muitos professores com formação em psicodrama – atuando na Faculdade Rui Barbosa, na Escola Bahiana de Medicina, na Universidade Federal, na Uneb, Isba, FTC, na Faculdade de Psicopedagogia, na Escola Criativa do Olodum, no Projeto Axé etc. Por sua vez, Sergipe, embora contando com apenas uma entidade de formação e historicamente recente, já dispõe de seis professores psicodramatistas nas universidades, ministrando inclusive a disciplina psicodrama (desde 1992) no curso de psicologia da Universidade Federal de Sergipe e estágios supervisionados na linha psicodramática. Observamos o mesmo crescimento do psicodrama no meio acadêmico no Ceará e em Pernambuco.

Podemos inferir, pelos relatos de nossa pesquisa, que os psicodramatistas nordestinos têm tido um reconhecimento nas discussões da construção da reforma psiquiátrica e nos cursos de pós-graduação em saúde mental. Em Salvador, por exemplo, estão participando ativamente do projeto de reforma em Caps no Estado da Bahia, destacando-se a atuação em especial de Paulo S. Amado dos Santos (Sopsba) como supervisor de equipes multidisciplinares. Entre essas instituições de base socionômica, citamos o caso do Caps de Lauro de Freitas (BA), onde, sob supervisão de Paulo, foram implantadas estratégias inovadoras, como o acolhimento coletivo, a discussão das redes e matrizes socionômicas nos grupos etc. Enfim, a atuação do psicodrama nos Caps da região Nordeste tem sido ampliada, apesar das dificuldades no enfrentamento da predominância de uma lógica que não avança, sobre a clínica do sujeito: uma clínica imediatista, farmacológica, individualizante, que ainda se utiliza do uso exacerbado de antidepressivos e de psicodiagnósticos.

Com relação à preparação de psicodramatistas, ao contrário dos demais estados nordestinos, onde esse processo está em fase crescente, observamos que no Estado da Bahia tem sido atualmente mais lento. Os alunos procuram a formação nas entidades, mas a falta de certificação do MEC é um grande fator impedidor para a continuidade do aluno no curso. Os alunos que estão ávidos por uma titulação buscam outro curso de especialização regulamentado pelo MEC, e não podem manter os dois cursos em virtude dos impedimentos financeiros. Já em outros estados, como Sergipe, Ceará e Pernambuco, ainda estão se ampliando os horizontes nos cursos de formação para psicodramatistas, e novas turmas têm sido criadas; porém as federadas vêm enfrentando muitas dificuldades. Algumas entidades têm estabelecido parcerias com universidades para receberem o reconhecimento do MEC como cursos de especialização *lato sensu*.

Inferimos algumas considerações, a partir das entrevistas e consultas realizadas, que gostaríamos de pontuar neste capítulo. Observamos que, no Nordeste, as posições sociométricas na rede das instituições federadas terminaram sendo definidas a partir das relações pessoais entre os líderes na época em que surgiram. Ainda observamos muitas relações adotadas pelas trombadas e divergências históricas, que são inevitáveis. Ao longo desses 31 anos de história, observamos muitas associações e rompimentos, motivados por diferenças de orientação teórica entre bermudianos e morenianos, ou mesmo entre aqueles que adotam a mesma orientação, denunciando uma postura ora sectarista, restritiva, ora integradora e ampliadora de horizontes. Assim, nosso movimento ainda circula entre a conserva e a espontaneidade criadora.

Temos algumas heranças positivas, a exemplo do que vemos com entidades que se somam ao longo do tempo, estabelecendo parcerias, como é o exemplo da Sopsba, da Profint e da Matriz Criativa, porque seus criadores fizeram uma escolha positiva dentro do processo histórico que vivenciaram, conservando um bom vínculo afetivo e muitas trocas teórico-metodológicas.

Observamos, atualmente, a predominância de um lento movimento de aproximação entre as entidades no Nordeste, mas a convivência com as diferenças ainda está difícil, o que é um desafio a ser enfrentado nos encontros regionais. Acreditamos que o fortalecimento da rede sociométrica entre as entidades do Nordeste deve ser função e preocupação da Federação Brasileira de Psicodrama, assim como de toda entidade nordestina e de todo psicodramatista nordestino. Se as escolas estabelecessem mais parcerias, a disputa do mercado de trabalho poderia ser feita mais esportivamente, e todos contribuiriam para o fortalecimento e o crescimento do psicodrama, inclusive o mercadológico.

Concluímos este capítulo observando que o psicodrama no Nordeste, apesar dos percalços históricos, recentemente tem sofrido um lento processo de transmutação, tornando-se mais socionômico, deixando de estar reduzido às quatro paredes dos consultórios privados e se envolvendo cada vez mais com os projetos de transformações sociais e comunitários, penetrando as instituições. Sua configuração atual é mais voltada para o trabalho de uma clínica ampliada, que se engaja com equipes multidisciplinares e promove ações coletivas em benefício da saúde preventiva.

Nosso desafio continua sendo a liberação do *setting* intimista da psicoterapia individual no campo da saúde mental, a utilização do psicodrama e do sociodrama como dispositivos mais atuantes na abordagem de problemáticas sociopolíticas, que se centrem no momento presente, como a promoção de direitos humanos, a análise dos exercícios de violência, o debate acerca do impacto do HIV, das relações masculino–feminino etc. Precisamos resgatar a gênese social moreniana, que é o exercício no espaço das ruas e comunidades.

É nesse sentido que podemos acreditar que o *nordeste é mais Moreno*. Nessa região temos um caldo de cultura moreniana promissor. É nela que encontramos condições peculiares: na miscigenação das raças, no folclore, na música, na dança, enfim, na ampla riqueza da cultura popular, em que a espontaneidade criadora está estampada no riso e no toque fácil do povo, o qual está disposto a desenvolver a política da afetividade, do encontro, a acolhida calorosa e alegre que também é peculiar ao psicodrama, ligando-se coerentemente às raízes filosófico-ideológicas de seu criador.

Entrevistas

AMATO, Marco A. Entrevista por e-mail, 2007.

BARROS, Suely E. Entrevista por e-mail, 2007.

D'ALMEIDA, Waldeck. Entrevista concedida em Salvador, 2007.

LOBO, Sonia. Entrevista por e-mail, 2007.

QUEIROZ, Jorge A. Entrevista por e-mail, 2007.

QUEIROZ, Marilene. Entrevista por e-mail, 2007.

SANTOS, Paulo S. A. Entrevista concedida em Salvador, 2007.

SANTOS, Romélia. Entrevista concedida em Salvador, 2007.

SIMONETTI, Vânia. Entrevista por e-mail, 2007.

VALADARES, Thereza. Entrevista concedida em Aracaju, 2007.

Sites

www.asbap.com.br

www.ceps.com.br

www.institutocosmosderecife.com.br

www.institutodepsicodrama.com.br

www.matrizcriativa.com.br

www.profint.com.br

www.sopsba.com.br

IV

AMPLIANDO NOSSA HISTÓRIA POR MEIO DE OUTROS ATORES

Júlia Maria Casulari Motta

Conhecer nossa história em sua inteireza é uma tarefa impossível, pois ela é feita também por psicodramatistas anônimos, e não só por pessoas que ganham alguma notoriedade. A história tem inúmeros autores, tanto singulares quanto coletivos: as pessoas, os grupos, as nações, as tradições, as idéias criativas... Cada um de nós poderia contar parte desse relato e o conjunto de todos nós formaria uma versão atual. Entretanto, mesmo assim, não seria a história universal, isto é, uma narrativa que não pudesse ser recriada novamente. Contar fatos, narrar lembranças, é como dramatizar *uma mesma cena* várias vezes. Cada vez é uma nova vez, porque, como disse Moreno: "Toda verdadeira segunda vez liberta a primeira". Então, por mera impossibilidade de tempo e espaço, convidamos somente alguns atores para registrar fragmentos da chegada e instalação do psicodrama em muitos estados e no Distrito Federal. Como critério abrimos espaço para os estados que podem ser considerados pioneiros do movimento. Comecemos pela narrativa de Eveline e Marlene, abrindo o capítulo com Brasília e suas lembranças.

PRIMEIRA ESTAÇÃO: UNIVERSIDADE DE BRASÍLIA, ANOS 1970

O psicodrama ficou conhecido em Brasília na década de 1970, na Universidade de Brasília, quando Jaime Rojas-Bermúdez realizou uma vivência para alunos, professores e o público em geral. Ainda nessa década foram fundadas duas instituições formadoras, com uma média de 10 a 12 alunos por turma. Duas pessoas se destacaram naquele momento: Maria Rita Seixas, que introduziu e sistematizou o curso de formação de psicodramatista na Associação Brasiliense de Psicodrama e Sociodrama (ABP) um dos institutos que assinou a ata de fundação da Febrap –, e Maria Eveline Cascardo Ramos, que participou da sistematização e, ao longo desse período, continuou formando, fazendo pesquisa, coordenando comissões científicas de congressos, seminários e jornadas por meio do Centro de Psicodrama de Brasília (CPB). Ela é considerada um ícone do psicodrama na região.

Atualmente, há quatro entidades filiadas à Febrap que mantêm cursos regulares de formação de psicodramatistas e institutos de atendimento à comunidade: Associação Brasiliense de Psicodrama e Sociodrama (ABP), Centro de Psicodrama de Brasília (CPB), Clínica de Psicologia e Psicodrama (CPP), e, mais recentemente, Cosmos Brasília.

As três primeiras instituições trabalharam, desde o início, para o crescimento do movimento psicodramático brasileiro, participando de todos os eventos organizados pela federação, e sempre se destacaram no cenário produzindo e colaborando. O número de psicodramatistas a elas filiados nos eventos é sempre ressaltado pela produção científica e participação nas mais diversas situações.

Essas três instituições organizaram, só ou em parcerias, muitos encontros regionais e jornadas internas para o aprimoramento dos seus associados e fortalecimento do movimento psicodramático no Distrito Federal, onde nasceram os encontros de professores e supervisores. O CPB organizou e sediou o I, II e III Encontros de Professores e Supervisores. Dada sua importância, podemos considerar que foram esses encontros que inspiraram a federação a desenvolver o projeto de formação continuada de professores.

Brasília ocupou cargos importantes em toda a estrutura funcional da federação desde seu início. Primeiro no Conselho Normativo e Fiscal, manteve-se participante ativa na vida política da Febrap. Vem ocupando diversos cargos em várias diretorias e, por duas vezes, a presidência da Febrap esteve com um membro docente do CPB. Outro trabalho relevante é em prol do reconhecimento, implementação e aplicação em diferentes contextos do que hoje chamamos psicodrama socioeducacional.

Em Brasília, três instituições têm privilegiado o atendimento clínico, com exceção do CPB, que desenvolve atividades nas comunidades, principalmente nas mais carentes, desde 1988. Seus idealizadores vêm realizando trabalhos com órgãos dos governos estadual e federal, como capacitação de pessoal, supervisão de atividades técnicas, desenvolvimento de articulação professores/funcionários, alunos e famílias em escolas públicas e privadas. Também têm realizado sociodramas sobre temas polêmicos e de difícil abordagem, como drogas, violência, aids e outros. O psicodrama se impõe como método expressivo de intervenções em grupo e, como tal, tem sido utilizado com sucesso em pesquisas e intervenções conveniadas com o Ministério Público do Distrito Federal e Territórios, a Central de Medidas Alternativas, a Vara da Infância e da Juventude, a Vara de Família, os conselhos tutelares, casas de semiliberdade para adolescentes infratores, dentre outros espaços de atendimento. O CPB conta com 11 professores e formou um consórcio com a Clínica de Psicologia e Psicodrama para realizar o Curso de Formação em psicodrama em convênio com a Universidade Católica de Goiás (UCG), o que significa que os certificados serão expedidos pela universidade e terão a chancela do Ministério da Educação e Cultura. Com isso, abre-se a oportunidade de divulgação da teoria e do método psicodramáticos, hoje valorizados pelas instituições e populações com quem trabalhamos e pelas instituições acadêmicas. Na Universidade Católica de Brasília e na Universidade de Brasília, o psicodrama é oferecido regularmente como matéria optativa, e mestres psicodramatistas ministram a disciplina.

Outros trabalhos poderiam ser citados aqui, mas, como registro inicial da história brasiliense, consideramos que marcamos presença histórica, deixando em aberto a continuidade da narrativa.

Maria Eveline Cascardo Ramos e Marlene Magnabosco
Marra (2007)

Pensar a história é, necessariamente, reconhecer a forma como as autoras concluíram a narrativa; sempre podemos ampliar por meio da possibilidade de deixar "em aberto a continuidade da narrativa". É recontar, fazer *leituras a contrapelo*, para conhecer novos fatos e novas possibilidades de organização do futuro. O movimento brasiliense trouxe como uma de suas contribuições mais originais a criação dos encontros de professores e supervisores que inspiraram a organização da formação continuada. Sua participação política no movimento brasileiro fez de Brasília uma voz necessária. Entretanto, por que em uma mesma cidade quatro institutos de formação psicodramática convivem pouco ou nada? Essa realidade se repete em outros estados. Minha hipótese central é que durante a ditadura perdemos a capacidade de debate, de confronto de idéias, de suportar a diversidade de idéias e opiniões em um esforço de construção democrático. Quando será possível agirmos mais morenianamente, buscando ampliar nossa capacidade de ouvir o diferente, suportar que não somos iguais, nem pensamos iguais? Muitas perguntas me inquietam neste momento.

Mas vejamos de que maneira o psicodrama chegou e se instalou em Goiás.

JÚLIA MARIA CASULARI MOTTA

SEGUNDA ESTAÇÃO: GOIÂNIA, 1977

A história do psicodrama em Goiás inicia-se no fim dos anos 1970, quando, em 1977, Durben Glória Camargo de Santana chega de São Paulo. Na capital paulista ele realizou sua residência no Hospital do Servidor e teve contato com Miguel Perez Navarro, além de fazer psicoterapia com José Fonseca.

Durben não chegou a se formar em psicodrama, mas realizou atividades práticas (psicodrama púbico na Universidade Católica de Goiás) e conseguiu montar um grupo de estudos com Elzi Nascimento e alguns alunos de medicina (Alfredo Giovannantonio e Paulo Maurício de Oliveira).

Em 1978, Geraldo Francisco do Amaral chega a Goiânia com formação paulista em psicodrama pela Associação Brasileira de Psicodrama e Sociodrama (ABPS). Lá, conhece Elzi, Durben, Alfredo e Paulo, que o convidam para participar de reuniões na Clínica de Repouso de Goiânia. O objetivo do grupo era constituir um curso de formação em psicodrama naquele estado.

Durante o I Congresso Brasileiro de Psicodrama, em Serra Negra, Geraldo faz contato com Luiz Antônio de Paiva, recém-formado em psicodrama pela Associação Brasiliense de Psicodrama (ABP), com Maria Rita D'Angelo Seixas. Ambos concordaram em juntar forças para montar um grupo de formação em psicodrama em Goiânia.

Finalmente, Geraldo consegue, pela Federação Brasileira de Psicodrama (Febrap), por meio do presidente Içami Tiba, licença para que Luiz Antônio e ele montassem grupos de terapia de alunos em formação, desde que contassem com um supervisor credenciado pela Febrap. Eles se juntam com Nathan, Eliane e outras pessoas de Brasília e contratam Victor R.C.S. Dias, que passa a vir mensalmente a Goiânia dar supervisão (durante um ano e meio). Miguel Perez Navarro também integrou a equipe para ser terapeuta de alunos e supervisor – contribuiu com a Sogep por longos anos.

A Sociedade Goiana de Psicodrama (Sogep) foi fundada em 13 de julho de 1978 como uma sociedade civil sem fins lucrativos, com eleição direta de dois em dois anos. Geraldo F. do Amaral foi o primeiro presidente e Luiz Antônio de Paiva, o segundo, tendo Geraldo como vice. Eles se credenciaram oficialmente como terapeutas de alunos e professores supervisores no Congresso Brasileiro de Psicodrama de Canela, em 1980. A mudança de Luiz Antônio de Paiva para Brasília abriu uma crise na instituição, quando ele e Geraldo renunciaram aos cargos. Após isso, Alfredo, Célia Ferreira, Vannúzia e Paulo Maurício assumiram a direção da instituição.

Refeita da crise, a Sogep foi mantida sempre funcionando e com turmas anuais. Passou por outras pequenas crises, mas nada muito preocupante, já que a vida mora no conflito.

Após a gestão de José Carlos Landini na Febrap, a diretoria veio para a Sogep, tendo Geraldo F. do Amaral como presidente na gestão de 1985–1986. Nessa época, a diretoria da Febrap enfrentou a discussão sobre dois temas polêmicos: o psicodrama socioeducacional e o *poder* de Dalmiro M. Bustos.

A Sogep realizou dois congressos brasileiros de psicodrama, um em 1986 e outro em 1996. Ela é a única federada a ministrar formação em psicodrama. Não há outra instituição criada em todo o Estado de Goiás na área. Portanto, administrar a Sogep não é algo simples. O trabalho exige dedicação de todas as diretorias. Atualmente, é presidida pelo psicólogo e psicodramatista Silvamir Alves, eleito três vezes consecutivamente.

Desde 2001, a Sogep e a Universidade Católica de Goiás (UCG) firmaram convênio para o curso de formação em psicodrama psicoterapêutico. Em 2002, a Sogep adquiriu sede própria. Mantém o Instituto de Psicodrama, que realiza atendimento à população de baixa renda, e firmou convênio com a Universidade Federal de Goiás (UFG), o Projeto Saudavelmente, para atendimento grupal à comunidade universitária. Ainda realiza, a cada semestre, o curso introdutório em psicodrama; anualmente, a Jornada Goiana de Psicodrama, e, mensalmente o projeto Ponto de Encontro. Este último oferece palestras sobre psicodrama e áreas afins, na Sogep, e atos psicossociodramáticos no Complexo Chafariz, na Praça Universitários, um local público. Já realizou várias intervenções utilizando o método sociodramático em órgãos da prefeitura de Goiânia e do Estado de Goiás. A Sogep conta atualmente com três turmas de formação em psicodrama psicoterapêutico, com média de vinte alunos por sala de aula. Não há nenhuma turma de psicodrama socioeducacional.

Enfim, a Sogep caracteriza-se como o retrato do movimento psicoterapêutico psicodramático que deu certo, e persiste de maneira competente, com algumas crises (naturais), mas sempre em crescimento.

Geraldo F. do Amaral e Silvamir Alves (2007)

Aqui vemos uma interessante realidade – a permanência de uma instituição de formação em psicodrama somente psicoterapêutico – que se reconhece como "o retrato do movimento psicoterapêutico psicodramático que deu certo, e persiste de maneira competente, com algumas crises (naturais), mas sempre em crescimento". Como e por que a Sogep se mantém somente com cursos de formação em psicodrama psicoterapêutico? Para qual mercado de trabalho ela está formando? Sendo uma das mais antigas escolas de psicodrama, quantos psicodramatistas já formou e onde estão eles? Haverá mercado para tantos em Goiás?

Interessante destacar que em Goiás a Sogep mantém-se como a unidade de divulgação e formação em psicodrama, o que a põe em destaque, pois não há outro centro que se dedique ao psicodrama socioeducacional. Esse é um ponto sobre o qual o movimento deve refletir: para onde vão os candidatos a psicodramatistas socioeducacionais que não encontram formação em Goiás? Novas perguntas, muitas reflexões.

Nossa viagem continua.

O TREM DA HISTÓRIA CHEGA A CURITIBA, ANOS 1970

Sala de refeições da casa de minha sogra, em Curitiba. Conversamos Herialde, Aldo e eu. Ela fala entusiasmada de algo que chama de *psicodrama*. É Curitiba, anos 1970. Herialde Oliveira Silva conta suas experiências do curso que está fazendo em São Paulo e nos convida a conhecer essas coisas de que fala. Aldo Silva Junior e eu éramos advogados e professores e ouvíamos falar de longe da psicologia. Eu gostava muito do direito e tinha dificuldade com a justiça e suas falcatruas... embora não pensasse em parar de ser advogada.

Sala de *psicodrama* de José Fonseca em São Paulo. Aldo, eu e nossos filhos, Herialde, Fonseca e os filhos deles. Brincamos na sala, nas almofadas, gravamos em vídeo nossas brincadeiras, nos deslumbramos com as luzes... e continuamos a ouvir falar em *psicodrama*... Aldo e eu começamos a fazer o curso de psicologia, enquanto continuávamos a exercer nossas profissões de advogados e professores. Já na faculdade, começo a escutar rumores sobre terapia com psicodrama em Curitiba, com alunos do curso de psicologia da PUC, que não era a minha faculdade. Sabia que quem vinha trabalhar eram José Fonseca e Ronaldo Pamplona. Ao mesmo tempo, havia outro grupo de terapia sob a direção de Sebastião de Melo e uma pessoa que o acompanhava, para os mesmos alunos da PUC. Dessa experiência nasceu a formação em psicodrama terapêutico no Paraná, primeiro com a criação do Centro Paranaense de Estudos Psicodramáticos. Isso aconteceu em 1974, em Curitiba. Nesse mesmo ano, Aldo começa a formação em psicodrama em São Paulo, na Roleplaying, Pesquisa e Aplicação. Eu não fui aceita, por possuir vínculo conjugal com Aldo... até hoje não entendi a razão dessa recusa.

Nesses anos 1970 o Brasil se debatia entre as amarras sociopolíticas e a impossibilidade de encarar novas idéias que penetravam os poros dos intelectuais e dos profissionais da saúde, mesmo amordaçados... Herialde e Aldo foram convidados a participar de um projeto da Secretaria do Estado de Educação do Paraná, por meio da psicóloga Gentila Carneiro, para o primeiro trabalho de psicodrama pedagógico em Curitiba. Isso era 1975. Esse trabalho dá início à formação em psicodrama pedagógico, coordenada por Herialde Oliveira Silva, tendo como participante Aldo Silva Junior e outros ego-auxiliares. Dessa vez fui aceita e comecei minha formação. O grupo de vinte alunos era constituído por psicólogos, professores, administradores e teatrólogo. O curso teve duração até 1977. Em 1978, formou-se a primeira turma de psicodrama terapêutico.

Congressos, sensações, novos conhecimentos, sustos e descobertas. Muitas descobertas, inclusive dos vários *psicodramas* no Brasil... Psicodramas que começam com a marca divisória de influências de Dalmiro Bustos e de Rojas-Bermúdez. Publicações, textos, artigos, novas idéias foram surgindo dos estudos e da prática que fazíamos. Em 1978 foi criada a Conttexto, que nasceu exatamente como seu nome: propondo-se como contexto social, grupal e psicodramático. A partir daí surge o segundo grupo de formação em psicodrama pedagógico, ainda contido no Centro Paranaense de Estudos Psicodramáticos, assumido por professores da Conttexto.

Na década de 1980, já formada em psicologia, passo a trabalhar na PUC–PR, e logo depois assumo a disciplina de psicodrama e a supervisão dos estágios de psicologia clínica. Ganho uma sala especial, com tablado, televisão, videogravadora, espelho – uma sala psicodramática. Foi um tempo precioso, até o ano 2000, quando entra em vigor o novo currículo do curso de psicologia. Passei então a trabalhar com a visão psicodramática da clínica, juntamente com as outras visões de importância, trocando olhares e dialogando com esses outros saberes, o que se prolongou até o ano de 2007, quando deixei a PUC–PR.

No meio da década 1980 Aldo e eu passamos a fazer a formação em psicodrama terapêutico na Conttexto Associação de Psicodrama do Paraná, por meio de seminários e supervisões com vários psicodramatistas de São Paulo: José Fonseca, Wilsom Castello de Almeida, Içami Tiba, Carmita Abdo, Herialde Oliveira Silva, Domingos Lalaina, Sebastião de Melo, Ronaldo Pamplona da Costa, Regina Fourneaut Monteiro. Passamos a delinear cada vez mais nosso papel de psicoterapeutas psicodramatistas.

Na década de 1990 a Conttexto organizou uma trupe de artes dramáticas e trabalhou com teatro espontâneo. A trupe participou dos festivais de teatro espontâneo e fez vários trabalhos em empresas, escolas e instituições específicas de saúde até 2002.

Encontros que trazem memórias preciosas: San Bernardino, Paraguai, Encontro Latino-Americano de Psicodrama, 1991, uma experiência de diálogo com países latino-americanos sobre o psicodrama. Após o jantar, dançávamos e nos divertíamos. De repente, Luiz Amadeu Bragante convidou Aldo para dançar um tango. Os dois começam e a cena é belíssima: é o verdadeiro tango de Gardel, por meio do qual os dois homens representam todo o clima trágico que a música sugere. E há entre eles a emoção e a alegria do encontro. Momento mágico, digno de Moreno...

Outro evento de grande importância para a Conttexto foi a pesquisa coordenada pela Pastoral da Criança em que Aldo Silva Junior e Herialde Oliveira Silva percorreram boa parte do Brasil e realizaram belíssimo trabalho com populações pobres, tendo como foco o entendimento das formas de controle da natalidade: em que essas populações acreditavam e como as praticavam. Todo o trabalho foi realizado com o método sociopsicodramático, com sessões gravadas em vídeo. Por uma série de razões, tal trabalho não foi ainda publicado e é necessário que isso seja feito para o crédito desses dois eméritos pesquisadores. Houve, principalmente na década de 1980, vários encontros entre a Conttexto e a escola EU-TU, de Herialde Oliveira Silva, em São Paulo e em Curitiba, na busca de trocar conhecimentos, espontaneidade e criatividade, vida. A Conttexto realizou as *Umuaramas* de psicodrama entre as décadas de 1980 e 1990, nas quais muitos conhecimentos foram sedimentados e das quais nasceram produções psicodramáticas de importância, a partir de encontros anuais com psicodramatistas de várias escolas de psicodrama do Paraná e de outros estados do Brasil.

No meio da década de 1980 comecei o mestrado na PUC–SP. Encontrei outro olhar psicodramático, ao lado de novos saberes, com que me vou tramando. Vejo mais as idéias minhas, o psicodrama agora como propriedade e posse, e me autorizo a expor os pensamentos, as descobertas, as formas de compor o que vou elaborando. A partir daí, mais publicações, artigos, participações em eventos acontecem. Conhecemos, com um grupo da Conttexto, Zerka Moreno, com quem trabalhamos em Florianópolis. Aldo Silva Junior expandiu a formação em psicodrama da Conttexto para Maringá, Camboriú, Chapecó. Formaram-se, também, alguns professores e supervisores. Participamos com uma equipe da Conttexto – Regiane da Silva Macuch, Marieldi Schmidt Silva, Luciene Farion e Marisa Schmidt Silva –, do 16º Congresso Internacional da IAGP, com trabalhos de importância na pesquisa científica e posterior publicação. Herialde Oliveira Siva, Aldo Silva Junior, José Fonseca sempre estiveram em meu caminho e sua influência em minha caminhada psicodramática é fundamental. Eles são minhas raízes. Hoje, em Curitiba, trabalho como psicoterapeuta com fundamentos nos conhecimentos filosóficos, teóricos, metodológicos do psicodrama e do sociodrama, e como formadora e divulgadora das idéias morenianas na Conttexto Associação de Psicodrama do Paraná. Sei que fui agregando novos saberes e que tenho um estilo muito pessoal e complexo, de muitas idéias, que foram se juntando e que são bem-vindas e saudáveis. E que isso tem a característica da Conttexto no Paraná, em Curitiba.

Belo Horizonte, 2004. Aldo Siva Junior estava diferente, pois passou a ter uma doença cardíaca desde 2002. Ao mesmo tempo, uma artrose atormentava sua perna e dificultava sua mais linda alegria, a de dançar. Mesmo assim, no encerramento do congresso, ele dançou o que pôde, soltando o corpo ao calor do ritmo e do som que o embalava... Sua última dança, seu derradeiro congresso... Sua última cena no cenário colorido e quente do psicodrama.

Penso em cada um que cruzou meu caminho e em como nos tramamos as teias psicodramáticas. Avalio meus espaços e lugares sociométricos nessa caminhada, não consigo localizar tudo isso só em Curitiba e no Paraná. Sei que me expandi psicodramaticamente e me sinto parte de muito mais terras do que posso ver no curto tempo da história vivida – talvez um dia... "tempo... tempo... tempo..." que mundo psicodramático ainda virá?

Marisa Schmidt Silva (2007)

O Paraná praticamente desenvolveu o movimento por meio de duas instituições: o Centro Paranaense de Psicodrama (CPP) (1974) (posteriormente, Associação Paranaense de Psicodrama e, atualmente, Sociedade Paranaense de Psicodrama) e a Conttexto Associação de Psicodrama do Paraná (1978), que expandiu o estudo e a formação em psicodrama para as cidades de Maringá, Camboriú e Chapecó. A Conttexto nasceu com os olhos voltados, em primeiro lugar, para a formação socioeducacional, e tem no saudoso Aldo Silva Junior a figura de proa na organização e desenvolvimento de suas atividades. Na narrativa de Marisa podemos perceber sua presença lúdica nos congressos por meio da arte da dança e sua singular leitura sobre jogos. Crescimento, expansão, *conttextos* diversos ... "Tempo... tempo... tempo... que mundo psicodramático ainda virá?"

Histórico e perfil profissional do psicodramatista do Paraná

O trabalho dará pinceladas das origens do psicodrama paranaense, assim como desvendará o fundamento do perfil de nossos profissionais. Para isso será necessário trilhar o caminho percorrido pela saúde mental no estado, situá-la no contexto brasileiro e levantar alguns fatos advindos da conseqüência da ruptura da matriz psicodramática deste país, com Bermúdez.

Ao falar do psicodrama no Brasil, suas verdades, seus mitos e valores, é importante retomar o contexto histórico cultural da época, dos idos de 1960. Fazendo um passeio pela situação da saúde mental no Brasil, excluindo São Paulo, que sempre foi um centro acadêmico avançado, com várias universidades das mais diferentes áreas, cursos de especializações, mestrados e doutorados, possuidor também de práxis diferenciada em saúde mental, a maioria dos estados apresentava carências no que se refere a novidades acadêmicas. Naquela época os profissionais de outras regiões dirigiam-se a esse centro para adquirir conhecimentos. Os ventos que sopravam do Sul traziam o nome de Marcelo Blaya e da Clínica Pinel, onde acontecia a implantação do trabalho comunitário em Porto Alegre. Concomitantemente à época destacamos o Rio de Janeiro, cujos estudos em psiquiatria dinâmica estavam em andamento, e mais Itapetininga, no interior de São Paulo. Relacionados à saúde mental do Paraná, especificamente Curitiba, haviam alguns nomes de destaque na área da psiquiatria clássica que dominavam a cidade. Lembremos que o final das décadas de 1950 e 1960 foram responsáveis por um enorme desenvolvimento nas artes, literatura e principalmente na música. Havia um florescer de criatividade e inovação Os médicos do Paraná faziam sua formação em psiquiatria em São Paulo, e ao mesmo tempo sofriam de uma insatisfação com o que havia, em seu lugar de origem, relacionado à prática e à linha de trabalho nos hospitais. Levados pelo espírito da época, e por essa ânsia de procurar outra maneira de realizar seu trabalho, montaram um grupo de estudo de Freud no Hospital Público Adauto Botelho, destinado a doentes mentais. No princípio era um grupo de oito que estudava Freud e, depois, foi promovido um curso de introdução à psiquiatria dinâmica, do qual participaram médicos e acadêmicos. Era, portanto, um momento histórico, o início de uma transição – da psiquiatria clássica para a psiquiatria dinâmica. Uma das pessoas que fazia parte do grupo dos oito montou o Hospital Pinel, que logo passou a ser hospital-escola, destinado aos doentes mentais, consolidando a nova era da psiquiatria no Paraná: Hélio Rotemberg. Sua equipe era formada dos profissionais que haviam feito o curso de introdução à psiquiatria dinâmica e que seguiam estudando Freud.

Hélio Rotemberg é importante não só na guinada que deu a psiquiatria na capital, mas também no psicodrama, tendo em vista que fez parte de um dos três grupos N que surgiram após a formação dos cinco primeiros grupos formados no Grupo de Estudos de Psicodrama de São Paulo (GEPSP). Foi também o primeiro profissional a montar uma sala com tablado para o atendimento de grupos psicodramáticos em Curitiba. Solange Caldas, de Curitiba, psiquiatra, para estar apta a exercer a função de ego-auxiliar, submeteu-se à psicoterapia psicodramática com Antonio Cezarino, em São Paulo. Ela foi a primeira ego-auxiliar do Paraná. O primeiro grupo de psicodrama terapêutico surgiu em 1969 com esses dois profissionais, Hélio e Solange, e acabou em 1972. Lembre-se de que a ruptura com Bermúdez aconteceu em 1970. O grupo ao qual pertencia esse primeiro psicodramatista paranaense dissolveu-se, ficando, portanto, sem sua matriz afetiva. Ao mudar de enfoque psicoterápico, o profissional acima citado e sua equipe passaram a utilizar a técnica de *role playing*, portanto, psicodrama pedagógico, no treinamento de novos acadêmicos de medicina e em aulas na Faculdade de Psicologia do Paraná, que iniciou o curso em 1968 ligada aos Irmãos Maristas e que hoje faz parte da Pontifícia Universidade Católica do Paraná. Uma das exigências da faculdade naquele momento era que seus alunos fizessem psicoterapia durante o curso. Observem que essa exigência era uma entre muitas. Esse período histórico foi marcado pelo aparecimento de inúmeras faculdades.

Como se pode inferir, Curitiba era um mercado carente de psicoterapeutas, com uma demanda grande. Por exigência da faculdade, novos acadêmicos que se interessavam pela psiquiatria e que estavam ligados à equipe do Hospital Pinel, liderados pelo ex-psicodramatista, trouxeram os analistas Narciso Coelho e Iracy Petra. Os alunos da psicologia, familiarizados e encantados com o *role playing*, para cumprir às exigências acadêmicas, trouxeram para Curitiba profissionais de São Paulo, sendo eles: Sebastião de Melo, com sua ego-auxiliar Ligia Rodrigues, ambos da Associação Brasileira de Psicodrama e Sociodrama, e também José Fonseca e Ronaldo Pamplona, da Sociedade de Psicodrama de São Paulo.

Como todos os psicodramatistas sabem, essas duas sociedades paulistas surgiram a partir de desavenças com Bermúdez. Com esse movimento de ruptura surge um valor: fidelidade. Fidelidade a Moreno por um lado e a Bermúdez por outro, criador do Núcleo do Eu. Tendo sido efetiva a prática das duas sociedades paulistas com os grupos terapêuticos em Curitiba, elas resolveram trazer o curso de psicodrama ao Paraná. Para isso, montaram uma coordenação formada por profissionais que pertenciam a ambas. São eles: Amarílis Pontedeiro, José Manuel D'Alessandro, que já foi embora de nosso convívio, deixando uma marca de bondade, e José Fonseca. No ano de 1974 surge o Centro Paranaense de Estudos Psicodramáticos, que mais tarde recebeu o nome de Sociedade Paranaense de Psicodrama (quando ocorreu a formação da primeira turma). Em 2006 passou a denominar-se Associação Paranaense de Psicodrama (imposição de legislação). Apesar da mudança de nome, é a mesma instituição onde o primeiro grupo de 26 alunos do Paraná fez sua formação, com professores da ABPS e da SOPSP.

O Centro Paranaense de Estudos Psicodramáticos (Sociedade Paranaense de Psicodrama, Associação Paranaense de Psicodrama), como um produto comum das instituições paulistas ABPS e SOPSP, que tinha dificuldades de diálogo depois da ruptura com Bermúdez, é um primeiro esforço de entendimento. Surgiam dessa experiência paranaense as sementes da Federação Brasileira de Psicodrama, que foi efetivada em 21 de agosto de 1976, com o propósito de unificação do movimento brasileiro, destinado a regulamentar a formação dos cursos de psicodrama, que já eram um número significativo à época – especificamente, 14 espalhados pelo Brasil. Nosso centro possuía sua representatividade nesse primeiro conselho: Neli Klein do Valle, que também foi representante do Paraná na fundação da Febrap. Sua estrutura era formada de Assembléia Geral, Conselho Normativo e Fiscal e Diretoria. Um dos trabalhos que competiam ao conselho recém-formado era estabelecer um currículo mínimo para as federadas. Esse currículo serviu de objeto intermediário para que os *nós das rivalidades* fossem desatados. Além disso, não posso deixar de citar as maravilhas de estilo literário e caligrafia das atas de um saudoso gaúcho: José Theobaldo Diefenthaeler, representante da federada gaúcha e pertencente ao primeiro Conselho Normativo e Fiscal.

Voltando novamente à história do psicodrama no Paraná, uma das exigências curriculares como parte da filosofia norteadora de Moreno foi o atendimento em grupos de pacientes de baixa renda. Eles eram atendidos mediante pagamento, de acordo com suas possibilidades econômicas. Foi uma época em que se fazia *caça* aos pacientes. Normalmente íamos buscá-los no HC e em outras entidades assistenciais. Somente esses grupos seriam supervisionados. Prática essa que acontece até os dias de hoje na formação de nossos alunos – com a diferença que agora a busca pela psicoterapia é feita pelos pacientes.

Outro fato relevante para o psicodrama paranaense foi um congresso brasileiro de psiquiatria realizado em Curitiba à época em que éramos estudantes de psicodrama. O presidente da terceira gestão da Febrap, Ismael Fabrício Zanardini (falecido em 2006, uma pessoa bastante querida em nosso grupo) fazia parte dessa primeira turma e conseguiu para o psicodrama um lugar de destaque nesse evento. Anos mais tarde tivemos nosso congresso brasileiro de psicodrama no Paraná, especificamente em Caiobá, também com Zanardini como presidente. Continuando o esforço paranaense de contribuição para entendimento entre grupos de psicodramatistas discordantes, foi criado nesse congresso uma *tribuna livre*, que poderia ser ocupada por qualquer pessoa a fim de tecer considerações acerca do movimento psicodramático brasileiro, seus problemas e soluções possíveis. Continuando, "no momento de crise é preciso acreditar e principalmente deixar a chama acesa do fogo apaixonado pelo psicodrama, criando um condão para que se possa segurar as partes do elo ameaçado de quebrar-se". (Zanardini, *Jornal em Cena*, ano 19, n. 2, dez. 2002). Nossa homenagem a esse pioneiro do psicodrama no Paraná.

O caminho trilhado pelo psicodrama no Paraná nunca foi fácil. Os pioneiros tiveram de enfrentar primeiro a abertura de um nicho de mercado, que anteriormente pertencia apenas aos psiquiatras. As turmas que vinham para formação no início eram numerosas, mas com o tempo e o aparecimento de outras possibilidades de cursos foram escasseando. O número de psicodramatistas nas instituições de ensino universitário diminuiu. Ao longo do tempo tivemos várias crises econômicas e institucionais, porém, sendo superadas por aqueles que acreditam no movimento psicodramático juntamente com a filosofia de Moreno. Temos um total de 19 turmas formadas em piscodrama terapêutico, cinco em psicodrama socioeducacional. Em formação, um grupo do terapêutico e um grupo do socioeducacional; e também uma turma em formação para didatas. Continuamos com os atendimentos psicoterápicos porque acreditamos na proposta moreniana, "na chama acesa do fogo apaixonado pelo psicodrama".

Neli Klein do Valle (2007)

Por meio dos dois depoimentos apresentados podemos ver que a Sociedade Paranaense de Psicodrama (1974) tem o papel pioneiro de reunir as duas principais escolas paulistas, na época rivais, para sua formação. Isso demonstra uma independência de idéias no grupo inicial, de uma maturidade para conviver com a diversidade que os levou a serem escolhidos gestores da terceira diretoria da Febrap (1979–1980), na qual os nós das rivalidades seriam desatados por meio da "*tribuna livre*, que poderia ser ocupada por qualquer pessoa a fim de tecer considerações acerca do movimento psicodramático brasileiro, seus problemas e soluções possíveis".

A história paranaense parece-se com a história dos outros estados: poucas trocas entre as federadas, por quê? Por que usamos pouco nossos recursos morenianos para resolver questões políticas e pedagógicas? Onde perdemos a *tribuna livre* criada na terceira gestão da Febrap no congresso de Caiobá?

Aos pioneiros paranaenses do movimento psicodramático brasileiro: Aldo Silva Junior e Ismael Fabrício Zanardini, nossas homenagens e o reconhecimento pela participação na história do movimento. Eles acreditaram na "chama acesa do fogo apaixonado pelo psicodrama".

Mas continuemos a viagem com as novas-velhas perguntas.

NOSSA VIAGEM CONTINUA COM UMA PARADA EM SANTA CATARINA, 1970

Rememorar o psicodrama em Santa Catarina é contar uma história especial e singular e é um ato perspectivista. As histórias são tecidas também pela subjetividade e, em meio aos acontecimentos e *fatos objetivos*, revelam um ar muito particular, genuíno. Incluem, além da memória do contador, a inclinação, a motivação e a atmosfera que ele quer impregnar no texto. E também o que deseja compartilhar no momento em que realiza o ato. Posto isto, aviso aos que navegam neste texto que sairei das formalidades e cronologias, não incluirei datas e horas, e menos ainda detalhes burocráticos.

O psicodrama inaugura sua chegada em Santa Catarina pela Ilha de Santa Catarina, na cidade de Florianópolis. Estamos então no fim dos anos 1970, início dos 1980... Retorno ao meu lugar matriz, de onde saí aos 17 anos para fazer psicologia em Porto Alegre. Nesse momento, venho de cinco anos em São Paulo e trago na bagagem pessoal–profissional, entre mil coisas, a experiência da primeira terapia psicodramática, a primeira turma do Instituto Sedes Sapientiae em psicodrama, os movimentos de criação da Febrap. Tudo isso é novo, pulsante e complementar à bagagem anterior, de base psicanalítica. Para mim, resultado de busca e desassossego, o psicodrama agora é vivo, pessoal e relacional. Quando se está movido por alegria, por um sentido que é uma resposta a uma causa e questão, tudo fica muito mais possível. Nesse clima faço o concurso da Universidade Federal de Santa Catarina (UFSC) para professora do curso de psicologia, que estava em implantação. Crio então a primeira ementa da disciplina Teoria e Técnicas Psicodramáticas (que o curso passou a oferecer como disciplina optativa desde sua primeira turma). Ao mesmo tempo, começa a ser gerada sutilmente uma nova mentalidade em relação ao ensino da psicologia, pois incluo a abordagem de técnicas psicodramáticas nas disciplinas oferecidas pelo Departamento de Psicologia a outros cursos do Centro de Ciências Humanas e de Comunicação.

Em paralelo, sou fraternalmente acolhida no grupo da Associação Sul-rio-grandense de Psicodrama (ASP), em Porto Alegre. Passo a fazer sistemáticas andanças até lá a cada 15 dias. (Serei sempre grata a eles por esse gesto!) O mestre e terapeuta desse grupo era José Fonseca. Claro que haviam outros professores da cidade e outros vindos de São Paulo, mas, efetivamente, Fonseca é, nesse tempo, nossa viva-via-pessoal de comunicação, como acontecia nos demais grupos do movimentos psicodramáticos no país.

Foi assim que, inspirada pelo "novo, adequado e espontâneo-criativo" do psicodrama, movi-me a criar, em Florianópolis, o primeiro curso de formação para profissionais da área clínica. Tal atitude arrojada tornou-se produtiva, e lá fui eu construir pontes, passagens para Moreno e seus ensinamentos.

Fonseca inegavelmente foi para mim, mesmo a distância, preciosa presença e retaguarda nesse movimento de ousadia e trabalho. Ao primeiro grupo da Associação Catarinense de Psicodrama pertenciam profissionais de seis cidades de Santa Catarina, sendo inicialmente 12 psicólogos e 12 médicos. Durante quatro anos trabalhamos, o grupo, Fonseca e eu, comprometidamente juntos. Inclusive, ao final do curso, fizemos um rito de término da jornada de formação.

Foi também pelo viés da minha atuação na UFSC, como professora identificada com o psicodrama, que começaram a acontecer multiplicações dos grupos psicodramáticos em Santa Catarina. Pouco tempo após o término da formação

JÚLIA MARIA CASULARI MOTTA

do primeiro grupo da ACP surgiu, por meio da rede sociométrica da universidade, o Grupo de Estudos Psicodramáticos de Florianópolis (NEP). Com ele, aconteceu a criação do Instituto Moreno de atendimento à população carente – 27 profissionais psicodramatistas trabalharam pela causa.

Nesse meio-tempo, ingressei nos Grupos Autodirigidos de Dalmiro Bustos, em São Paulo. Entusiasmada pela consistência, abertura e inovação dos grupos, motivei alunos e colegas a também participarem. Fruto de minha experiência e vínculo com ele, publiquei o livro *Quando o terapeuta é o protagonista: encontro com Dalmiro Bustos*. Essa obra tem sido amplamente discutida nos meios acadêmicos e de formação clínica, talvez pela forma adotada e pelo conteúdo apresentado.

Com Bustos, criamos em Florianópolis uma bela relação incluindo *cluster 1, 2, 3*. Ela é uma forte fonte geradora de nosso desenvolvimento e percepção psicodramática. Sem dúvida, um privilégio tecido ato a ato.

Outros grupos se formaram em cidades como Itajaí, Joinville, Blumenau, e mesmo em Florianópolis. Ao longo dessas décadas têm havido vários movimentos formadores. A maioria deles, pelo que tenho notícias, formou duas, três turmas, sempre na área clínica. Infelizmente, após certo tempo, eles se dissolveram. Alguns chegaram a pertencer à Febrap.

Atualmente, em Santa Catarina, a Locus é de fato a entidade mais consolidada. É filiada à Febrap e mostra-se atuante no ensino e formação de psicodramatistas. Tem como presidente uma psicóloga psicodramatista empresária, Márcia Bernardes, que reúne talentos para divulgar, ensinar e fazer crescer o movimento psicodramático no sul.

Pela via da história e da memória fomos eu e Márcia, professora e aluna, nos idos tempos de universidade e formação no NEP. Na primavera passada, em um evento com Marcia Karp e duzentos participantes, ela e a Locus prestaram-me uma bela homenagem. Foi o reconhecimento pelo pioneirismo com o psicodrama.

E para finalizar essa história, ou melhor, essa narrativa (que ainda não teve fim), considerando a impermanência de tudo, fica meu registro de que é confortador ver que permanecemos com rumo, trabalho e fé no desenvolvimento e aprimoramento do que é humano. Que continuamos sonhando, uns mais outros menos, e realizando o psicodrama em Santa Catarina na medida dos limites destes novos tempos e mentalidade.

Suzana Modesto Duclós (2007)

Suzana traz nessa narrativa tão repleta de memórias um pouco da história do psicodrama em Santa Catarina, um estado que se comunica com seus vizinhos formando o triângulo do Sul. A Locus/Partner RH, única escola de psicodrama em Florianópolis, co-organizou um evento de grande porte, em julho de 2007, o VII Encontro Catarinense de Saúde Mental, juntamente com o Seminário Internacional de Saúde Mental e Cultural. Registro tal fato, pois não foi possível, por questões de tempo, colher outros depoimentos catarinenses. Como disse Suzana Duclós, Márcia Bernardes tomou o

NOVA ESTAÇÃO, NOVA CASA: PORTO ALEGRE, 1973

Em 1973 um grupo de psiquiatras e psicólogos de Porto Alegre, partindo de seu interesse pela ontoanálise, começou a estudar fenomenologia e existencialismo e acabou deparando com Moreno e o psicodrama. Esse método lhes pareceu a resposta prática para suas inquietações, a abordagem que lhes possibilitaria trabalhar com uma psicoterapia humanista de base fenomenológica. No ano seguinte, iniciaram a formação propriamente dita, com José Fonseca e Ronaldo Pamplona como terapeutas, que iam uma vez por mês a Porto Alegre. A parte teórica era suprida por seminários autodirigidos e por professores de São Paulo e Buenos Aires, que, de tempos em tempos, eram chamados. Dessa turma participaram (em ordem alfabética) Flávio Pinto, José Fernandes Sastre, José Theobaldo Diefhentäeler, Luciano Corrêa da Silva, Magda Campanha, Marilu Lisboa, Marta Echenique, Nédio Seminotti e Paulo Renato Rodrigues. Em 1974 foi fundada a Associação Sul-rio-grandense de Psicodrama (ASP), que foi uma das fundadoras da Febrap. Também foi sede da segunda gestão da Febrap, entre 1979–1980, e realizou o II Congresso Brasileiro de Psicodrama em Canelas (1980).

No ano de 1977, eu dava aula no curso de psicologia de Pelotas e comecei dois grupos de psicodrama com alunos. Aos poucos os grupos se fundiram e essa nova turma virou um grupo de formação. Eu era a terapeuta e os demais colegas de Porto Alegre, os professores que iam a Pelotas nos fins de semana dar aulas. Esse grupo, do qual faziam parte, entre outros, Nelda Couto Rodrigues, César Sieburger, Elizabeth Falleiros, Bebeth Fassa, iniciou, por sua vez, a formação sucessiva de mais duas outras turmas. Inicialmente filiados à ASP, mais adiante criaram sua própria entidade, o Instituto de Psicodrama de Pelotas, que em 1990 mudou seu nome para Sociedade de Psicodrama de Pelotas – esta entidade deixou de existir em 1991.

Em Porto Alegre, a turma pioneira da ASP formou mais duas turmas. Em 1986, crises internas a fizeram *implodir*. Muitos alunos que tinham concluído o curso, mas não haviam feito suas monografias, foram seguindo outros caminhos. O psicodrama ficou bastante enfraquecido. Ainda que alguns psicodramatistas continuassem trabalhando com psicodrama em seu consultório ou em diferentes contextos, o movimento, como grupo, extinguiu-se.

Em 2001, o Instituto de Desenvolvimento Humano, dirigido por mim e por Bebeth Fassa, filiou-se à Febrap e reiniciou o curso de formação em Porto Alegre, que, desde então, tem sido mantido regularmente. Apesar de pequeno, o corpo docente do IDH tem participado com freqüência do movimento político da Febrap tendo ocupado a presidência dessa federação na gestão 2003–2004. Acreditamos que a proposta moreniana de intervenção social combina, de maneira especial, com o perfil dos gaúchos de luta pelo bem comum.

Marta Correia Lopes Echenique (2007)

Os gaúchos, assim como muitos outros grupos em diferentes estados, tomaram o movimento inicial durante o processo de ditadura como um esforço de liberdade, de possibilidade de trabalho mais democrático e alternativo ao elitismo analítico. Aqui também foram os psicoterapeutas que buscaram novos olhares, que abriram espaço para o psicodrama se instalar. O Rio Grande do Sul, berço do getulismo e do movimento trabalhista, sede de várias reuniões do Foro Social, pioneiro na evolução da psicologia social, não conseguiu fazer crescer em número o grupo de psicodramatistas gaúcho e perdeu em número o grupo de psicodramatistas. Por que temos somente o valente IDH trabalhando pelas idéias morenianas "de intervenção social que combina, de maneira especial, com o perfil dos gaúchos de luta pelo bem comum"?

Nossa viagem chega ao Sul, reunimos mais perguntas do que respostas, o que torna este livro um vencedor em seu propósito: criar reflexões. Mas não terminamos nossa viagem, há novas paradas, novas questões. Vejamos.

NOVOS PARCEIROS NA JORNADA SOCIO-HISTÓRICA DO MOVIMENTO BRASILEIRO

Percorridos os principais estados e o Distrito Federal, que trouxeram ricos elementos da história, registrados nesta proposta de reflexão, considero que merecem destaque cinco iniciativas originais, dentre outras. Duas são criação de uma pessoa, mas por terem mais de cinco anos de atividade merecem ser citadas neste primeiro volume panorâmico: Daimon (1970) e Sarau: arte, mito e psicologia (1997). E o filho dileto de ação coletiva, nosso especial trabalho sociodramático – o Centro Cultural São Paulo (CCSP) (2001).

Para concluir este capítulo, prestamos homenagem especial, por meio do registro histórico, ao trabalho dos três pioneiros nas duas iniciativas mais antigas do movimento brasileiro, aquelas que registraram a participação moreniana nas Diretas Já e em outros momentos da história, resistindo às críticas e aos posicionamentos divergentes na comunidade psicodramática: Videopsicodrama e Psicodrama público.

Vamos a eles:

Daimon

Esta síntese histórica tem como objetivo ordenar a evolução dos acontecimentos que culminaram na fundação do Daimon (Centro de Estudos do Relacionamento). Para tanto, o texto foi dividido em tópicos, a fim de facilitar a compreensão.

Origem

As atividades que deram origem ao Daimon remetem a meados da década de 1970. Nessa época, residentes do Instituto de Psiquiatria do Hospital das Clínicas da FMU–SP e alunos da Sociedade de Psicodrama de São Paulo passaram a me procurar para supervisão clínica. Assim surgiram os grupos de supervisão.

Uma vez que os componentes desses grupos interessavam-se em ampliar seus conhecimentos teóricos e em refletir sobre questões diagnósticas, originaram-se os grupos de estudos e as discussões de casos clínicos.

Como decorrência dessas atividades, passamos a convidar especialistas nos temas estudados para proferir palestras. Assim, as atividades multiplicavam-se e, quando percebi, já existia um centro de estudos, embora não tivesse sido planejado.

Em uma viagem aos Estados Unidos, após conhecer clínicas e institutos similares, concluí que seria oportuno dar uma identidade ao referido centro. Daimon (do grego) significa a energia cósmica, além do bem e do mal, presente em todas as coisas. Refere-se a todas as energias ou à energia de todas as coisas. É parte, portanto, da essência humana, como uma luz a ser liberada. Seria ainda uma energia de comunicação entre os deuses e os seres humanos, vivos ou mortos. A denominação "Daimon" deu-se, sobretudo, para homenagear J.L. Moreno e Martin Buber, que muito influenciaram minha formação pessoal e profissional. Como é de conhecimento dos psicodramatistas, Moreno editou, em Viena, a revista *Daimon*, da qual Martin Buber participou como editor-assistente e autor.

O Programa Daimon (1984) concebia o Centro de Estudos do Relacionamento como:

[...] uma entidade civil sem fins lucrativos, com a finalidade de propiciar o desenvolvimento pessoal, além do treinamento e aperfeiçoamento de profissionais nas áreas de psicologia e psiquiatria; tendo como meta o atendimento comunitário, assim entendido como a organização de atividades voltadas ao público, com escopo psicoterápico/pisicoprofilático. Não filia nem é filiado a outras entidades.

No Programa (1985), há a explicação de um aspecto fundamental sobre a concepção do Daimon:

Finalmente, uma breve palavra sobre uma questão freqüente. O Daimon vai dar formação? O Daimon estruturou-se, pela decorrência de sua evolução, como uma escola-livre, e uma clínica-livre que acolhe diferentes linhas de trabalho psicológico e pedagógico. Neste sentido, talvez anarquista, seria incoerente a rigidez e o controle de uma formação clássica. O Daimon oferece a possibilidade de um treinamento livre onde cada um é responsável pelo seu aprendizado.

Desse modo, até hoje nossas atividades permanecem sem controle de presença, sem avaliações e sem conferir diplomas aos participantes, que se responsabilizam por determinar seu tempo de participação. A programação, por sua vez, resulta das escolhas grupais. Assim, "caminhando se faz o caminho".

Sessões abertas

Em 1984 iniciaram-se as sessões abertas, cuja definição e anúncio aparecem no Programa Daimon:

J. L. e Zerka Moreno realizaram durante cerca de 50 anos, em Nova York, as Sessões Abertas ou o Psicodrama Público. As pessoas têm acesso ao Teatro Terapêutico pelo pagamento de uma módica quantia, participando de uma sessão terapêutica com duração de duas horas. Tenta-se levar a psicoterapia à comunidade e fugir do elitismo dos consultórios particulares.

SESSÕES ABERTAS DE PSICOTERAPIA

Todas as quintas-feiras, às 20h30.
Início – 10 de maio de 1984.
Preço por sessão – Cr$ 5.000,00.

Muitas emoções, choros e risos rolaram no Teatro Terapêutico do Daimon. Ali estiveram presentes, por meio do como ser psicodramático, muitos personagens: pais, filhos, avós e amantes. Foram tantos que seria possível remeter ao *Here comes everybody* (todos vêm aqui ou todos somos um), de James Joyce (1999). Muitos terapeutas (brasileiros e estrangeiros) de destaque apresentaram-se no Daimon. Dentre os estrangeiros, destacam-se Rojas-Bermúdez, Dalmiro Bustos, Leonardo Satne, Eduardo Pavlovsky, Hernán Kesselman, Héctor Fiorini, Marcia Karp, Paul e Geni Lemoine.

Ao final de 1984, o relato de uma reunião de avaliação considerava que:

Estamos, agora, na fase da diversificação dos terapeutas das sessões abertas de psicoterapia. Pretendemos incluir terapeutas de outras orientações: gestalt-terapeutas, neo-reichianos, rogerianos etc. Completamos o ano com 28 sessões. A resposta que obtivemos é de que valeu a pena e que estamos diante de um trabalho inovador.

A partir de 1995, as sessões abertas passaram a ser promovidas por uma parceria entre o Daimon e a Sociedade de Psicodrama de São Paulo. Até o momento (2007), o Daimon realizou cerca de setecentas sessões abertas; uma considerável trajetória que serviu de inspiração para vários trabalhos acadêmicos e textos publicados.

Ao redigir esta síntese, surpreendo-me com os 23 anos de sessões abertas; uma extraordinária experiência levada com sucesso por Antonio Carlos M. Cesarino e equipe ao Centro Cultural São Paulo (Vergueiro).

Grupos de estudos

Neste momento, passo a discorrer com mais detalhes sobre os grupos de estudos, que surgiram ao final dos anos 1970. Hoje eles constituem uma de nossas principais atividades. Outros supervisores daquela época, dentre eles Beto Wolff e Victor Silva Dias, juntaram-se ao projeto.

Inicialmente, dedicamo-nos a autores fundamentais da psicologia moderna, como Freud, Jung, Reich, Bowlby. Na década de 1980, o grupo recebeu a denominação de Grupo de Estudos de Psicodinâmica (GEP), passou a estudar a psicodinâmica psicanalítica de forma sistematizada, sob um enfoque relacional, e percorreu Fairbain, Guntrip, Greenson, Kohut, Winnicot, Erikson, entre outros autores. Aos poucos, o grupo reuniu colegas de outras correntes psicológicas: junguianos, neoreichianos, piagetianos e psicanalistas de diferentes orientações.

Todos lá se encontram pelo prazer do conhecimento e pela energia renovadora das discussões.

Anos depois, o GEP–Daimon tomou como parâmetro de estudos o programa teórico da Sociedade Brasileira de Psicanálise de São Paulo, sem prazo de término. Desse modo, permanecemos cinco anos em Freud, três em Klein e três em Bion. Como orientadores dessa travessia intelectual, contratamos membros da Sociedade de Psicanálise: Plínio Montagna, Cíntia Buschinelli e Ignácio Gerber. Cumprida essa etapa, adentramos o mundo lacaniano, antes orientados por Mario Eduardo Costa Pereira e agora por Michele Roman Faria.

O Daimon, entidade particularmente voltada para o psicodrama, não possuía até 1992 um espaço específico para o estudo de sua teoria. A fim de reparar esse contrasenso, convidei Wilson Castello de Almeida para, juntos, coordenarmos o Grupo de Estudos de Moreno (GEM). Nossa proposta era estudar Moreno à luz da atualidade e delinear um perfil do psicodrama contemporâneo. Wilson acompanhou-nos por longos anos e, atualmente, seu lugar é ocupado por Antonio Carlos M. Cesarino, outro histórico companheiro do psicodrama brasileiro. O GEM transformou-se em um laboratório de idéias que, em 2001, culminou na publicação do livro *Um homem à frente de seu tempo*, organizado por Ronaldo Pamplona da Costa. Fiel ao princípio da liberdade de ir e vir, o grupo renova-se a cada tempo para sempre levantar questionamentos e sugestões de pesquisas.

Editora

Recentemente, o Daimon passou a editar livros. Foram publicados *Psicodrama em HQ* (Duric, Velijkovic e Tomic, 2005), livro introdutório sobre psicodrama no formato de história em quadrinhos. Em seguida, *Psicodrama: terapia de ação e princípios da prática* (Moreno, 2006), inédito no Brasil, uma tradução da edição norte-americana *Psychodrama*, v. 3 (Moreno, 1969). Em 2008, *Quem sobreviverá: edição do estudante*, uma versão sintetizada e autorizada pela família Moreno de seu volumoso original. Em breve será publicado *A primeira família psicodramática*, outra obra inédita de Moreno no Brasil.

Já ao final desta resenha aproveito para agradecer a Júlia Motta, historiadora do movimento psicodramático brasileiro, pela oportunidade de organizar fragmentos da memória, antes soltos dentro de mim.

José Fonseca (2007)

Destaco no projeto Daimon (1984) as sessões abertas como uma das iniciativas mais parecidas com o que penso ter sido a experiência de Moreno em Beacon, NY. Esse espaço, mesmo não sendo uma possibilidade psicodramática popular como é o CCSP, vem prestando um serviço importante ao movimento psicodramático como modelo alternativo de trabalho, como cenário de estilos de direção, e, principalmente, como possibilidade de convivência de diferentes abordagens sociopsicoterapêuticas. Registrar aqui sua história é divulgar essa possibilidade de articulação para outros lugares do Brasil.

JÚLIA MARIA CASULARI MOTTA

Vejamos agora a *breve notícia* do trabalho sociodramático sistemático mais importante no sentido de participação social de que tenho notícia. Como diz o narrador Cesarino: O psicodrama durante a ditadura "... aceitava sua vocação eminentemente política, além de ser um grande espaço terapêutico, até porque o psicodrama acredita que não há separação entre saúde e sociedade. A intenção no Psicodrama da Cidade era ajudar a recriar uma possibilidade de presença, de sensação de pertencer a um coletivo, de discutir e assumir a própria cidadania". Desse desejo e projeto nasceu a ação no CCSP.

O Centro Cultural São Paulo – CCSP como espaço público do psicodrama

Psicodrama no Centro Cultural São Paulo: breve notícia

> Em março de 2001, com iniciativa da Prefeitura de São Paulo (início da gestão de Marta Suplicy), realizou-se o Psicodrama da Cidade (organizado por Marisa Greeb e sua equipe). Em um mesmo dia e no mesmo horário foram realizados mais de 150 psicodramas públicos em diferentes lugares da cidade: escolas, teatros, bibliotecas, parques, praças, ruas. Que eu saiba até então (e até hoje) nunca algo desse porte tinha acontecido em todo o mundo. O local onde o maior grupo (em quantidade de pessoas) se reuniu é exatamente o espaço que hoje ocupamos para nossos psicodramas públicos regulares: a sala Adoniran Barbosa, no Centro Cultural São Paulo. Naquele dia, ali se realizou um sociopsicodrama com cerca de 700

AMPLIANDO NOSSA HISTÓRIA POR MEIO DE OUTROS ATORES

futuros guardas municipais (tive oportunidade de dirigi-lo juntamente com outro terapeuta, Antonio Lancetti).

O psicodrama surgiu entre nós na época do governo militar, propondo o coletivo onde a ditadura impunha o isolamento, soltando o grito e o movimento onde o medo exigia o silêncio e a paralisia. Aceitava sua vocação eminentemente política, além de ser um grande espaço terapêutico, até porque o psicodrama acredita que não há separação entre saúde e sociedade. A intenção no Psicodrama da Cidade era ajudar a recriar uma possibilidade de presença, de sensação de pertencer a um coletivo, de discutir e assumir a própria cidadania.

Pois bem, nessa sala, que é a principal sala de teatro do CCSP, vêm acontecendo, desde agosto de 2003, sessões abertas de sociopsicodramas públicos. Realizam-se regularmente, todos os sábados pela manhã, no mesmo local, no mesmo horário, dirigidos por coordenadores de grupo que se revezam e tem estilo e maneira diferentes de trabalhar, de acordo com sua formação, mas que são sempre experientes sociopsicodramatistas. O convite para o início dessa atividade foi feito inicialmente pela Sociedade de Amigos do CCSP (por meio de seu presidente, o psicanalista Leopold Nosek) ao autor deste relato.

O público que comparece a esses psicodramas vem crescendo com o tempo e é bastante heterogêneo. São freqüentadores do próprio CCSP, estudantes e professores de cursos básicos ou médios, alunos de escolas públicas, aposentados, desempregados, estudantes de psicologia ou psicodrama, psicólogos, psicodramatistas, profissionais de nível médio ou superior, portadores de necessidades especiais, pacientes de hospitais psiquiátricos, pessoas em situação de rua e outros. Há freqüentadores assíduos, que comparecem a todas as sessões, e alguns deles já formaram um subgrupo que nunca falta e que se reúne regularmente depois das sessões para discuti-las. Não são profissionais da área psi. É interessante discutir sua existência, atuação e opiniões, mas não farei isso neste momento. A freqüência média é de 70 a 80 pessoas, mas nunca há grupos menores de 40; aconteceram diversas sessões com mais de 100, 150 participantes. É interessante lembrar que, dada a arquitetura da sala, é possível haver uma parcela do público flutuante, que entra e sai durante a sessão (a maior parte entra e fica), na parte superior da sala (um balcão circular), sem perturbar o que está acontecendo. Os freqüentadores assumem espontaneamente a divulgação dessa atividade em sua rede de referência, convocando pessoas de diferentes lugares da cidade e de fora dela.

Dada a heterogeneidade do público, a cada semana se cria, se recria, uma situação em que é possível o encontro e o diálogo entre essas pessoas de diferentes extratos sociais, que trazem informações, experiências, posturas culturais até contrastantes – a mera criação desse espaço já seria um ganho. Quando se consegue então colocar no cenário, em ação, a bagagem de cada um, diversas formas de subjetividade entram em contato e se afetam mutuamente. O resultado é muito rico: emocionante, poético, lúdico, complicado, mas sempre profundamente humano. A quantidade de relatos pessoais é extremamente comovente. É interessante notar que, embora a intenção do trabalho não seja terapêutica no sentido estrito, muitas pessoas fazem de sua presença assídua um tipo de processo terapêutico *sui generis*, com diferentes terapeutas e grupos parcialmente inconstantes. Relatam com freqüência modificações significativas de sua trajetória vivencial a partir dessa experiência. Um exemplo disso (entre muitos outros) é o depoimento de A – membro assíduo do grupo desde seu início, paciente de um hospital público de São Paulo: "até... freqüentar este lugar, nunca ninguém falava comigo". Tímido, ele também não tomava iniciativa. A é negro. Era segregado e ignorado não só pela sua cor, mas pela situação marginal na cidade, na vida. Hoje é uma pessoa atuante dentro do grupo de freqüentadores assíduos, propõe cenas, assume o protagonismo. Sua auto-estima cresceu!

A equipe inicialmente formada era pequena: Antonio Carlos Cesarino, Cida Davoli, Murilo Viotti e Ricardo Florez. A coordenação era dividida entre os dois primeiros. Criou-se em pouco tempo grande interesse entre os psicodramatistas de participar da experiência fascinante de presenciar ou dirigir um grupo aberto nessas circunstâncias; a grande procura de interessados foi paralela ao afluxo cada vez maior de público. As tarefas de organização cresceram muito. Fez-se necessária a ampliação do grupo de coordenação, e passaram a fazer parte dessa equipe de sustentação do trabalho (apelidado de SUS), além dos anteriores: Ana Maria de Niemeyer, Cláudia Fernandes, Geórgia Vassimon, Márcia Almeida Batista, Milène Féo, Mariângela Wechsler,

Pedro Mascarenhas, Regina Fourneaut Monteiro (Réo) e Rosane Rodrigues, todos profissionais muito conhecidos e altamente gabaritados. Cada um deles se responsabiliza por determinados dias do trabalho, quando deve dirigir o sociopsicodrama do dia ou encarregar-se pelo convite de outro diretor, que deve obviamente ser experiente nesse tipo de tarefa. À Ana Maria de Niemeyer coube de início a tarefa de cuidar de pesquisas e análises antropológicas, dada sua especialidade; Ricardo Florez passou a ser o grande registrador dos eventos, filmando e fotografando grande parte do trabalho (Pedro Mascarenhas, além de dirigir, também registrou muitas sessões).

Nesses anos de duração o projeto vem adquirindo *status* definitivo. Já é uma das programações regulares do Centro Cultural, e vem sendo elogiado por sucessivos dirigentes desse centro. Mesmo mudanças políticas, com diferente grupo partidário ocupando a prefeitura, não interromperam sua continuidade e prestígio até agora. Alguns membros do grupo até mesmo costumam ser convocados para outras tarefas dentro do próprio centro. Depois de certo tempo (não houve uma transição formal, por isso não há data) a coordenação foi assumida singularmente por Cida Davoli, sem dúvida uma das melhores (senão a melhor) diretoras de grandes grupos do movimento psicodramático.

Os organizadores vêm trabalhando, isoladamente ou em grupo, nas inúmeras questões que essa prática levanta: ponto de vista técnico, sentido ético e político, significado terapêutico, consonâncias ideológicas, alcance dos objetivos iniciais, mudanças de rumo eventuais etc. Embora muito rica e instigante, não cabe aqui entrar mais profundamente nessa discussão.

O que nos leva a fazer isso? É por uma clara disposição política de ajudar a criar um espaço em que se pode discutir (e trabalhar) cidadania ao vivo, de maneira diferente das formas habituais apenas discursivas? Sem dúvida essa é uma das razões. Sabemos que a palavra (sobretudo o tal *discurso competente*) é um bem do qual nem todos podem se apropriar igualmente. Ao fazer um trabalho em que o discurso se transforma em ação dramática, colocamos em pé de igualdade por alguns momentos o professor universitário e o sem-teto semi-analfabeto. Ao abandonar seus papéis sociais habituais, eles serão por um momento *iguais* e poderão viver a rara experiência de um contato humano cara a cara e até corpo a corpo com um ser que *normalmente* nunca passaria perto de sua vida. Não temos intenção de *solucionar* as questões surgidas. A solução é sempre a solução do grupo. Se possível, queremos que se criem novos sentidos.

Antonio Carlos M. Cesarino (2007)

Pensei, pensei e, como não consegui comentários que estimulassem reflexões adicionais a essa narrativa cheia de emoção de Cesarino, deixo o leitor sentir a alegria que sinto quando penso que podemos, sim, criar muitos e muitos espaços onde, ao "fazer um trabalho em que o discurso se transforma em ação dramática, colocamos em pé de igual-

JÚLIA MARIA CASULARI MOTTA

dade por alguns momentos o professor universitário e o sem-teto semi-analfabeto. Ao abandonar seus papéis sociais habituais, eles serão por um momento *iguais* e poderão viver a rara experiência de um contato humano cara a cara e até corpo a corpo com um ser que *normalmente* nunca passaria perto de sua vida".

Uma singela proposta – Sarau: arte, mito e psicologia, 1997

Entre 1980 e 1989, em Campinas, fiz parte de um grupo de estudos de psicanálise e mitologia grega. Tivemos como orientador o erudito professor Roberto Pinto de Moura. Entre 1988 e 1989 fui aluna do professor de mitologia grega Junito Brandão, que vinha do Rio de Janeiro para dar um curso na Unicamp. Meu interesse pelo tema cresceu com a convivência com tão importantes estudiosos do mundo helênico. Isso me levou a escrever a monografia para professor/supervisor em psicodrama com o tema "Correlações entre o herói mítico grego e o protagonista" (Motta *et al*, 1999, p. 111-114). A orientação foi de Sergio Perazzo e a defesa, em 1988, aconteceu no Instituto de Psicodrama e Psicoterapia de Grupo de Campinas (IPPGC) e no VI Congresso Brasileiro de Psicodrama (*Revista Brasileira de Psicodrama*, 1988. Anais do VI Congresso Brasileiro de Psicodrama, v. 2, p. 157-174).

Logo depois, na primeira metade da década de 1990, conheci os professores da USP, Jaa Torrano e Sandra Sproisser, ilustres filósofos e professores de mitologia. Fizemos boa amizade, o que me permitiu convidá-los para uma experiência com mitologia e psicodrama no Instituto de Psicodrama de Campinas, onde já era docente. Foi um trabalho importante, mas com pouca receptividade entre professores e alunos. O grupo que compareceu esteve em torno de dez pessoas. Depois desse acontecimento fiquei bastante frustrada e pensei: Desisto? Busco parcerias? Isso é uma utopia irrealizável?

Em 1996, minhas idéias sobre um sarau já estavam mais amadurecidas e consegui traduzi-las sob a forma de um projeto a que chamei Arte, Mito e Psicologia. Busquei pessoas com quem formar um projeto dramático. Em outras palavras, formar um grupo com as idéias do sarau. Encontrei parceiras em duas amigas não psicodramatistas, mas sensíveis às artes. Elas também viam no sarau uma oportunidade de rendimento financeiro para seu trabalho social beneficente. Assim, o sarau nasceu como um sonho que tem os pés no chão. Juntamos esforços eu, psicodramatista, Marisa Travaini, professora de artes e matemática, e Teresa Lucena, fonoaudióloga. Passamos a ter como objetivo comum a criação de um cenário em que diferentes formas de artes pudessem conviver e ser socializadas. Entendemos por arte as diversas formas estéticas produzidas pela intersubjetividade do homem para comunicar suas percepções, sentimentos e compreensões da natureza de si mesmo e do universo. Consideramos que a arte pode ser usada pelo ser humano como forma de encontrar soluções por meio de novos sentidos para seus conflitos, expressar seus critérios sociométricos, criar vínculos, desenvolver novas personagens, ampliar espaço no social. Vertentes – Espaço de Terapias e Estudos, onde tenho meu consultório, passou a ser a *casa* do sarau.

Buscamos um nome que traduzisse o que queríamos, que representasse o que era o sonho-projeto. Encontramos na *Enciclopédia Mirador* o verbete *maqāma*:

A prosa rimada fez nascer no século X um novo gênero – a *maqāma* (traduzido em francês por *séance*, correspondendo em português a sarau) – com características muito originais: um narrador conta as aventuras de um personagem falante e aventureiro, que discorre sobre variadas matérias. Os antecedentes desse gênero podem ser encontrados nos contos rimados do gramático Ibn Duraid (837-933); a idéia da personagem central e da descrição da sociedade pode ser fornecida pela literatura de costumes de Djahiz, de Wachã ou de Azdi, sobretudo, que no século X introduz tipo boêmio, possuidor de talento e orador, pronto a divertir seus auditores...

A primeira compilação conhecida é de autoria de Hamadhãm. Exposições literárias e teológicas, charadas, sermões, discursos, truques de mendigos e astúcia de ladrões constituem a matéria apresentada em meio a fabulações engenhosas desses contos de aventuras. Artisticamente os versos podem ser lidos nos dois sentidos, sem perder sua forma de versos. Quando lidos da esquerda para a direita o sentido é contrário da direita para a esquerda.

Então, vimos que foram os árabes que, ao criarem o *maqāma*, criaram os saraus. Também que, já no século X, aparecia neste gênero uma estrutura de reunião com características de festa, de sátira, de tragédia, com elementos de crítica social, sem faltar uma pitada de ritual. A arte está, portanto, presente na *maqāma* ou *séance* ou *sarua* desde sua criação. A originalidade dos nossos saraus se deve à junção da arte à mitologia e à psicologia. Com olhar mais amplo, as psicologias são também formas de arte. (1999, p. 111-114)

Estrutura do Sarau: arte, mito e psicologia

Em 27 de julho de 1997 realizamos o primeiro sarau com o mito de Asclépio, o médico da mitologia. Toda a festa é em torno do mito escolhido para o dia: as cores da decoração, o espetáculo de arte, o lanche de confraternização, o clima do grupo... O mito é contado por uma pessoa previamente escolhida, que também dirige o que chamamos de *atualização do mito*. É feito um trabalho de vivência com o grupo presente. Às vezes um trabalho dramático, às vezes reflexivo. A isso se segue um intervalo para um *café e pipoca afetivos* e depois um espetáculo de arte.

Rimos, choramos, trocamos, fazemos cenas, protestamos, cantamos, criamos novos sentidos para a mitologia. Alguns participantes nos dizem que "mudei coisas na minha vida depois do sarau. Vi algo diferente para mim", ou, "Nossa! Faço terapia há tanto tempo e agora, com este mito, pude entender melhor a minha história".

Um pequeno ingresso é cobrado dos participantes e toda a renda é revertida para alguma instituição beneficente. Temos dois filhotes: um em Pocinhos do Rio Verde (município de Poços de Caldas – MG) e outro em Mogi Mirim – SP.

Nas palavras de Dalmiro Bustos, estamos criando "um jeito novo de trabalhar". Já foram realizados 32 saraus em Campinas. Deles, participaram muitos colegas psicodramatistas de várias cidades e estados. Também estiveram conosco filósofos, mitólogos, terapeutas de diferentes abordagens, professores de literatura grega. Nascido do movimento sarau, organizei, com um grupo de alunos em formação em psicodrama, um trabalho com mitologia indígena brasileira. Apresentamo-nos em duas jornadas de psicodrama do IPPGC, na Escola Comunitária de Campinas e na Unicamp. No Salão Vermelho da prefeitura fizemos um sociodrama usando lendas indígenas da origem do Rio Amazonas e da floresta. Nessa ocasião, participaram algumas escolas públicas que protagonizaram questões ecológicas atualíssimas. Organizamos uma apresentação especial para o Congresso Ibero-Americano Brasileiro com lendas indígenas, seguida de sociodrama tematizado.

Mas o grupo que se apresentou nas jornadas do IPPGC e no Ibero-Americano encontrou muitas dificuldades na comunidade psicodramática, o que resultou na dissolução do grupo de alunos tematizados com a mitologia indígena. Hoje, o movimento Sarau: arte, mito e psicologia luta para florescer como merece.

Registrar essa proposta é buscar novos parceiros, é lutar para que não morra uma idéia criativa de trabalho com a arte, o mito e o psicodrama. Quem se habilita?

Júlia Maria Casulari Motta (2007)

O psicodrama público vai às ruas brasileiras, 1984

Paulistana, nasci na Rua da Glória, bairro da Liberdade, próximo à Catedral Metropolitana de São Paulo, situada à Praça da Sé, marco zero da capital. Até os 7 anos meu lugar preferido para brincar com os amigos da vizinhança eram as fundações da igreja, que estava sendo construída.

No dia 18 de maio de 1990 lá estava eu, novamente, só que agora para participar de um teatro espontâneo. Um palco foi montado em frente à escadaria da catedral. Acredito ter sido essa a primeira experiência realizada no Brasil por psicodramatistas em plena praça pública, a céu aberto. Estiveram comigo Ronaldo Pamplona, Carlos Borba, Irene Stephan e Vânia Crelier. Ronaldo e eu como co-diretores, Carlos como diretor de vídeo, Irene e Vânia como atrizes espontâneas. Foi um trabalho realizado a convite da Secretaria Municipal de Saúde em comemoração ao Dia da Luta Antimanicomial.

Dos cerca de 50 teatros espontâneos até hoje por mim realizados em ruas, praças ou grandes auditórios acredito ter sido esse o que mais me emocionou. Havia conseguido a partir daquele momento aliar minha prática psicodramática a meus ideais sociais. Anteriormente, em 17 de abril de 1984, havia dirigido o Psicodrama das Diretas Já, na Câmara Municipal de São Paulo. Era uma referência à emenda da constituição do então deputado federal Dante de Oliveira, que lutava pela sua aprovação no Congresso Nacional para que se restabelecesse o regime democrático no país. Esse psicodrama realizou-se com a participação de aproximadamente 600 pessoas. A partir daí outros teatros espontâneos foram acontecendo também em grandes auditórios. Entretanto, estar na rua, em plena Praça da Sé, em frente àquela *velha* e conhecida catedral, *meu espaço* de jogos e brincadeiras quando criança, emocionou-me demais! Creio ter sido esse o trabalho mais marcante em meu percurso na direção de grandes grupos. Lembro-me como se fosse hoje: eram aproximadamente 18 horas, as pessoas compartilhavam conosco as emoções surgidas até que fomos interrompidos pelas vigorosas badaladas dos sinos da catedral, que anunciavam a Ave-Maria! Não preciso dizer mais.

A partir de 1995 criei o Grupo Extramuros, sempre com a proposta de usar o teatro espontâneo em trabalhos públicos com comunidades além dos muros dos consultórios, do atendimento mais formal e tradicional, com o objetivo de um maior alcance populacional em ruas, praças e grandes auditórios.

Hoje, felizmente, presenciamos tanto nos congressos de psicodrama como no dia-a-dia dos psicodramatistas a preocupação de mais intervenções nas comunidades. Acredito, sem falsa modéstia, ter contribuído pelo menos um pouco para que essa forma de mobilização fosse alcançada e fizesse parte de nossa rotina de trabalho.

Regina Fourneaut Monteiro (Réo) (2007)

Considero este trabalho com psicodrama público, liderado pela Réo, um modelo de inestimável valor para todos os psicodramatistas brasileiros. Sua contribuição é de tal importância que, como exemplo, cito: somente ficamos registrados na história das Diretas Já porque esses colegas, Ronaldo, Carlos e Réo, "desobedeceram a orientação da diretoria da Febrap" da época. Foram até a Assembléia Legislativa construir uma participação moreniana no movimento social a favor do fim da ditadura. A Febrap lhes dizia que não tínhamos condições de tal proeza, que o psicodrama ainda era muito novo no Brasil, que não havíamos estudado o suficiente para sair às ruas. Mas eles foram! À diretora do Psicodrama das Diretas Já – Réo, mulher guerreira – um especial reconhecimento pela fidelidade aos princípios morenianos.

Uma história diferente: videopsicodrama e telepsicodrama no Brasil

Somos uma dupla de perseverantes psicodramatistas – Ronaldo Pamplona, psiquiatra, e Carlos Borba, psicólogo – que sempre teve interesse em realizar um programa que unisse a linguagem da TV com a do psicodrama, conforme proposta de Moreno feita em 1942, em Nova York. Estamos nessa longa caminhada desde seu início, em 1980, época em que os primeiros videocassetes chegaram ao Brasil de forma clandestina. Durante 20 anos, nas nossas *loucuras morenianas*, eu, Carlos, fui o único *técnico* que manobrava a câmera, cuidava da iluminação, do som, do *cenário* e, por fim, da edição. Passamos a denominar Videopsicodrama aquela sessão gravada e editada para ser exibida em circuito fechado de TV e de Telepsicodrama aquela obra produzida para ser exibida em circuito aberto de TV.

Em 1980, o Grupo Experimental de Videopsicodrama (GEV), composto só de psicodramatistas, por meio de videopsicodrama, pesquisou todos os detalhes dessa nova metodologia. Isso resultou na monografia "Videopsicodrama: edição do autor" apresentada na Socieda-

JÚLIA MARIA CASULARI MOTTA

de de Psicodrama de São Paulo para obtenção do título de terapeuta. A primeira sessão do GEV foi editada e apresentada no II Congresso Brasileiro de Psicodrama (1980) em Canela – RS.

Em agosto de 1981, gravamos a primeira sessão terapêutica de videopsicodrama com a atriz Regina Dourado, que autorizou sua exibição em encontros científicos. Durante os anos seguintes exibimos uma edição dessa sessão, Força e Fragilidade, para testar sua eficácia como instrumento terapêutico. Ela também foi exibida em congressos, seminários, palestras e vivências.

A partir disso, passamos a utilizar o videopsicodrama em sessões de grupos terapêuticos e gravamos mais de duas dezenas de psicodramas públicos realizados em São Paulo em meados da década de 1980. Os temas eram sociais, como Diretas Já, aids, violência urbana, a mulher, teatro-objeto, psicodrama sem palavras (música ao vivo e expressão corporal), luta antimanicomial. Com o tema luta antimanicomial realizamos, na Praça da Sé, em São Paulo, a primeira sessão brasileira de videopsicodrama de rua.

Em 1984 escrevemos o artigo "Telepsicodrama: proposta para realização de uma série-piloto em videotape para exibição em circuito aberto de TV", inédito, registrado na Biblioteca Nacional. Em 1993, o capítulo "Videopsicodrama" foi publicado no livro de Regina Monteiro – *Técnicas fundamentais do psicodrama*, editado pela Brasiliense. Nele descrevemos toda a base teórica de nossa experiência até então. Em 1996, o artigo de

Heloisa Dupas Penteado – "Videopsicodrama pedagógico" – foi publicado no livro *Jogo, brinquedo e educação*, de Tizuko Kishimoto, editado pela Cortez, e fala sobre nossa experiência em salas de aula na Faculdade de Educação da USP (FEUSP). Em 2000, convidados por Heloisa – professora da FEUSP–, fomos ao Colégio de Aplicação iniciar uma pesquisa e gravamos várias sessões de videopsicodrama com professores e alunos, usando ainda câmera portátil.

Em 2001 realizamos, em parceria com a professora Liana Gotlieb, no estúdio da Faculdade Casper Líbero, treze sessões gravadas com três câmeras e todos os detalhes técnicos necessários (cenário, iluminação, microfone de lapela etc.). Foi nossa primeira experiência em estúdio de TV. Desse material editamos um programa-piloto de 20 minutos, apresentado por Heloisa em vários congressos de educação no Brasil, Espanha e Chile.

Ainda em 2001, no livro *Um homem à frente do seu tempo*, da Editora Ágora, escrevemos o capítulo "Telepsicodrama: um sonho de Moreno em pesquisa", com a descrição de nossa experiência nas duas décadas anteriores. Em 2003 o diretor e produtor de programas de TV Max Alvim conheceu nossa proposta e agora, juntos, estamos trabalhando no desenvolvimento de uma linguagem telepsicodramática (linguagem de TV, mas linguagem psicodramática).

Chamamos de Teatro da Vida a série de oito programas, cada um com um tema sobre sexualidade humana, que trabalha com telespectadores selecionados para compor um grupo de 12 pessoas.

Em setembro de 2007 Heloisa publicou o livro *Psicodrama, televisão e formação de professores*. Nele descreve todos os passos dados na pesquisa iniciada no Colégio de Aplicação da FEUSP, que prosseguiu com os professores por meio da exibição do piloto "Resgatando a vida no telepsicodrama da aids", realizado na Fundação Cásper Líbero. Teoriza também sobre telepsicodrama evidenciando que não é psicodrama, e sim uma obra aberta, fruto da junção da linguagem psicodramática com a televisiva.

Por último queremos registrar a publicação do livro *Sambadrama: the arena of Brazilian psychodrama*, pela editora Jessica Kingsley, em 2005. Ele foi editado pelo psicólogo romeno Zoltan Figusch, que selecionou 15 artigos sobre a história e a identidade do psicodrama brasileiro, sobre suas inovações técnicas e teóricas, parte na qual está inserido o artigo de nossa autoria "Video-psychodrama and tele-psychodrama: the research of a Morenian dream".

No dia 30 de novembro de 2007, outra etapa será atingida nessa luta por divulgar, fazer conhecer, aprimorar a utilização e contribuir para o aprimoramento da obra moreniana, com a exibição, pela TV USP, de um programa-piloto do Teatro da Vida. Pela primeira vez um telepsicodrama será visto na TV aberta. Sabemos que essa é também uma vitória do movimento psicodramático brasileiro, que por meio dessa iniciativa e de outras continua fazendo a profecia moreniana se concretizar: "O século XXI é do psicodrama e de suas múltiplas formas de atuação social".

Ronaldo Pamplona e Carlos Borba (2007)

Enquanto construo esta narrativa espero o lançamento do Teatro da Vida pela TV USP. Aos perseverantes psicodramatistas Ronaldo e Carlos nossa gratidão pelo esforço de ampliar a participação social do psicodrama. Boa sorte!

REFERÊNCIAS BIBLIOGRÁFICAS

Costa, R. P. *Um homem à frente de seu tempo.* São Paulo: Ágora, 2001.

Duric, Z.; Velijkovic, J.; Tomic, M. *Psicodrama em HQ.* São Paulo: Daimon, 2005.

Fonseca, J. *Psicoterapia da relação.* São Paulo: Ágora, 2000.

Joyce, J. *Finnegans wake.* Nova York: Penguin Group, 1999.

Machado, A. *Antologia poética.* Lisboa: Cotovia, 1999.

Moreno, J. L. *Psicodrama.* São Paulo: Cultrix, 1975.

_____. *Psicodrama: terapia de ação e princípios da prática.* São Paulo: Daimon, 2006.

Programa Daimon, 1984 e 1985.

Motta, J. M. Casulari *et. al.* "Sarau: arte, mito e Psicologia". In: *Revista Brasileira de Psicodrama*, São Paulo, v. 7, n. 2, p. 111-114, 1999.

_____. "Correlação entre o Herói mítico grego e o protagonista". In: *Revista Brasileira de Psicodrama*, 1988. Anais do VI Congresso Brasileiro de Psicodrama, v. 2, p. 157-174.

Zanardini, Ismael F. "Notas sobre a Febrap". In: *Jornal em cena*, São Paulo, ano 19, n. 2, dez. 2002.

Depoimentos

Amaral, G. F.; Alves, Silvamir. Depoimento: Segunda estação – Goiânia, 1977. Goiânia, 2007.

CESARINO, A. C. Depoimento: O Centro Cultural São Paulo (CCSP) como espaço público do psicodrama. São Paulo, 2007.

DUCLÓS, Suzana M. Depoimento: O psicodrama em Santa Catarina – 1970. Florianópolis, 2007.

ECHENIQUE, M. C. L. Depoimento: Nova estação, nova casa - Porto Alegre, 1973. Porto Alegre, 2007.

FONSECA, J. Depoimento: Daimon. São Paulo, 2007.

MONTEIRO, R. F. Depoimento: O psicodrama público vai às ruas brasileiras -1984. São Paulo, 2007.

MOTTA, J. M. Casulari. Depoimento: Uma singela proposta – Sarau: arte, mito e psicologia, 1997. Campinas, 2007.

PAMPLONA, R.; BORBA, Carlos. Depoimento: Uma história diferente - videopsicodrama e telepsicodrama no Brasil. São Paulo, 2007.

RAMOS, M. E. C. e Marra, M. Depoimento: Primeira estação – Universidade de Brasília, anos 1970. Brasília, 2007.

SILVA, M. S. Depoimento: O trem da história chega a Curitiba, anos 1970. Curitiba, 2007.

VALLE, Neli K. Depoimento: Histórico e perfil profissional do psicodramatista do Paraná. Curitiba, 2007.

V

O DESENVOLVIMENTO DA FEBRAP (1976–1988) E A FORMAÇÃO DO CAMPO E DO HABITUS

Júlia Maria Casulari Motta

Nos capítulos anteriores viajamos por estradas movimentadas – algumas de terra, outras esburacadas, umas com asfalto novo, paisagens floridas, outras nem tanto – e muitas paisagens. Agora voltamos a atenção para o processo de institucionalização do psicodrama. Vejamos o que aconteceu depois da criação da Febrap (1976).

Como vimos, a criação da Febrap e de seu primeiro estatuto, centrado na formação terapêutica, definiu um campo e um *habitus* para o movimento. Ao ampliar os estudos clínicos, empobrecemos as possibilidades de participação social, mas ampliamos conhecimentos e possibilidades na clínica.

A hegemonia dessa vertente do psicodrama, constituído como oposição à psicanálise e como resistência à ditadura, foi, também, motivada pela camuflada realidade do *milagre econômico*. Estávamos no período áureo das diversas abordagens de psicoterapia. Os psicoterapeutas em alta ganhavam dinheiro e fama. As pessoas que queriam o autoconhecimento – e não podiam pagar os altos custos ou não escolhiam a metodologia psicanalítica – viam no psicodrama, em especial no trabalho de grupo, uma alternativa promissora. Os profissionais psicodramatistas, que antes buscaram uma nova abordagem por não concordarem com os procedimentos elitistas da psicanálise, passaram a reproduzir alguns procedimentos psicanalíticos, tanto na prática quanto nos cursos de formação.

No panorama internacional, as greves (1972 e 1978) dos países produtores de petróleo, seguidas do Consenso de Washington, criaram e incentivaram a instalação dos princípios da globalização nos países emergentes. Internamente, convivemos com as ações de resistência à ditadura, com a luta pelo fim da censura, os avanços da mídia televisiva, o desmascaramento do *milagre econômico*, as transformações sociais aceleradas em todos os níveis da nossa cultura, mudando as famílias, as escolas, o trabalho, os valores e os costumes, da cidade ao campo.

Os novos saberes e poderes criaram necessidades para os movimentos profissionais. O *movimento associacionista*, na década de 1970, como forma de resistência ao autoritarismo, mobilizou quase todos os grupos profissionais a inventarem suas *casas* profissionais, proliferando o nascimento de grande número de associações profissionais.

Para o psicodrama, assim como para outras abordagens, essa estratégia permitiu que o movimento não se esfacelasse permanentemente, mas limitou sua ação, engessando o ensino e a prática. Na época, os cursos do chamado psicodrama pedagógico eram secundários e ministrados quase que totalmente por professores terapeutas. A direção da Febrap esteve presidida, no período entre 1976 e 1978, pelo médi-

O DESENVOLVIMENTO DA FEBRAP (1976–1988) E A FORMAÇÃO DO CAMPO...

co psicodramatista clínico Içami Tiba; entre 1979 e 1980, pelo médico psicodramatista clínico Flávio Pinto; a terceira gestão (1981–1982) ficou com o médico psicodramatista clínico Ismael F. Zanardini; a quarta diretoria (1983–1984), com o médico psicodramatista clínico José Carlos Landini; a quinta gestão (1985–1986), com o médico psicodramatista clínico Geraldo Francisco do Amaral. Já a sexta diretoria (1987–1988) foi presidida pela primeira mulher, a médica psicodramatista clínica Maria Luiza Soliani. Continuando as mudanças, a sétima diretoria (1989–1990) esteve com o psicólogo psicodramatista clínico Alexandre Bhering, voltando, na oitava gestão (1991–1992), para o médico psicodramatista Geraldo Massaro. Novamente, um psicólogo psicodramatista, Luiz Amadeu Bragante, presidiu a nona diretoria (1993–1994). Na décima gestão (1995–1996) esteve à frente o saudoso psicólogo psicodramatista clínico Oswaldo Politano Jr. Na décima primeira diretoria (1997–1998), novamente uma mulher, uma psicóloga, mas ainda clínica, Marlene M. Marra. Em seguida, na décima segunda e décima terceira diretorias (1990–2000 e 2001–2002), permanece uma psicóloga psicodramatista clínica, Heloísa J. Fleury. No período entre 2003 e 2004 a gestão fica a cargo da psicóloga psicodramatista clínica Marta C. L. Echenique; em 2005–2006, da psicóloga psicodramatista clínica Maria Cecília V. D. Baptista. Na gestão atual (2007–2008), quem está à frente novamente é a psicóloga psicodramatista clínica Marlene M. Marra.

Muitos são os pontos sobre os quais podemos refletir em relação à formação do campo e do *habitus* do movimento se considerarmos essa seqüência de presidentes da federação.

Quando cheguei ao psicodrama, em 1980, havia uma brincadeira, bastante comum, de que em uma unidade funcional o diretor era sempre um homem médico e que o lugar de ego-auxiliar deveria ser ocupado por uma mulher psicóloga. Ao analisar a seqüência das diretorias vemos que as cinco primeiras gestões estiveram a cargo de médicos e que a primeira mulher a ocupar o cargo foi uma médica, seguida de um psicólogo e depois, novamente, de um médico. A federação volta em seguida a ser presidida por psicólogos, somente vindo a ser dirigida por uma psicóloga na décima primeira diretoria. A partir daí, todas as presidentes têm sido psicólogas. Estamos na décima sexta gestão: seis médicos e uma médica ocuparam o lugar de presidente, assim como três psicólogos e quatro psicólogas (sendo duas com gestões duplas). Enfim, das dezesseis gestões, sete presidentes foram médicos e nove psicólogos. *O que todos têm em comum é o fato de serem psicodramatistas clínicos.*

Alguns leitores devem estar se perguntando: por que escrever sobre isso, que importância têm esses fatos para a história do movimento brasileiro?

A formação universitária básica de um psicodramatista continua sendo a principal forma de reconhecimento de identidade profissional, portanto, o psicodrama é absorvido e incorporado a partir dessa formação e permanece como uma qualificação, uma adjetivação da profissão.

Ora, todos os presidentes representam um grupo e são protagonistas de um projeto dramático do movimento, em que prioridades são estabelecidas e implementadas. O fato de *todos serem psicodramatistas clínicos* traduz uma realidade de saberes e poderes, de formas de andar na vida, de tendências para o ensino e a formação. Por que um psicodramatista terapeuta tem condições de ser professor-supervisor de qualquer campo de aplicação do psicodrama e um psicodramatista socioeducacional não é capaz da mesma façanha? Por que a maioria dos professores de psicodrama é terapeuta e supervisiona trabalhos psicodramáticos de cunho social, organizacional e educacional, muitas vezes sem nenhum conhecimento específico da realidade supervisionada, e o inverso não acontece?

A realidade dos presidentes médicos e psicólogos da Febrap traduz que seu primeiro estatuto (1976–1990) ainda mantém o poder hegemônico na mão dos psicodramatistas clínicos, mesmo depois da grande reforma de 1990.

Os psicólogos e médicos pensam que podem trabalhar como supervisores e professores de qualquer área de aplicação do psicodrama, mas não aceitam que outras profissões façam o mesmo. Por quê? A visão dos profissionais é de que, como psicodramatistas, são capazes de fazer uma leitura do campo e da dinâmica dos fatos, supervisionando qualquer trabalho com psicodrama. Nesse momento, ser psicodramatista é profissão: eles afirmam que, acima da graduação, "somos profissionais psicodramatistas".

As outras profissões não chegam a conquistar o cargo de professor–supervisor, com direito a supervisionar os psicodramatistas clínicos. O sentido não é o mesmo. Aqui o psicodrama é tomado como adjetivo da profissão: são pedagogos, assistentes sociais e psicodramatistas, por exemplo. Então, fica justificado por que esse profissional não pode supervisionar os trabalhos clínicos: ele não tem formação básica em psicopatologia etc. Essas são incoerências que teremos de enfrentar nos debates profissionais. Quando precisamos de *psicopatologia clássica* para ser bons professores/supervisores de trabalhos psicodramáticos? Às vezes o psicodrama é adjetivo, às vezes, substantivo.

Novamente, tomando a psicanálise como exemplo, vemos que ela já adquiriu a posição de profissão e que, portanto, o profissional se apresenta como tal, não necessitando usar sua formação básica. Em alguns questionários de profissões já encontramos a categoria *psicanalista*, o que não acontece com o psicodrama, que permanece oficialmente um *adjetivo de profissão*.

Um perigo que essa realidade pode causar é que o psicodrama fique sendo usado no socioeducacional, sem uma leitura mais clara do campo, como viés de uma *tradução transportada da clínica*.

Estudamos a história em busca de compreender de que maneira nossa realidade foi sendo construída e de que forma podemos transformar o presente, de olho no futuro. Outro ponto para o qual considero importante atentar é que, desde o início da Febrap, a maioria dos cursos de formação está centrada no psicodrama de adultos. Muitos professores e supervisores ensinam o psicodrama de adultos aplicado às crianças e adolescentes como se fosse a mesma ciência psicodramática. Para ver mais detalhadamente o tema do psicodrama com crianças, recomendo o artigo de Pansani na *Revista Brasileira de Psicodrama* (2007, p. 127-141): "O psicodrama e a criança: uma pequena viagem na história".

Considero esses alguns dos pontos centrais a serem refletidos também com base na história e espero auxiliar nessa proposição.

Até aqui fizemos a construção do campo e do *habitus* do melhor jeito possível. Hoje, o movimento já na maturidade dos 32 anos de federação tem material histórico suficiente para que possamos refletir e nos aconselhar a partir da própria caminhada brasileira. Considero que a maior comunidade organizada do mundo em socionomia tem personalidade própria suficiente para ser e defender um psicodrama brasileiro. Criamos muitos estudos, desenvolvemos conceitos, publicamos sistematicamente livros, artigos e revista, produzimos congressos e fomos capazes de conquistar o respeito do mundo externo. Entretanto, ainda ficamos apegados às brigas de irmãos, às competições pequenas, que nos limitam, impedindo que não só "o Nordeste seja mais Moreno", como disse Cybele no capítulo anterior, mas que o Brasil seja mais Moreno.

Então, feito esse parêntese reflexivo, voltemos aos anos 1970 e ao que acontecia no Brasil. Fazer história, caro leitor, é como fazer psicodrama, vamos e voltamos no espaço– tempo em busca de um novo sentido que nos liberte de um conflito, porque "cada resposta suscita cem perguntas novas".

Enquanto o país lutava pela Lei da Anistia (1979), pelas eleições diretas para governador (1980) e pela extinção dos cargos de senadores biônicos, aconteciam os esforços de enfrentamento da inflação crescente e sem controle. E, no movimento, as primeiras diretorias da Febrap trabalhavam a restauração da comunicação entre os grupos, a retomada do diálogo visando à construção de um consenso. Durante o trabalho de reunião dos grupos beligerantes para a fundação da Febrap, todo o esforço esteve sempre pautado nas decisões de consenso, segundo José Fonseca (2005).

Divergências políticas internas advindas do Congresso do Masp (1970), somadas às divergências teóricas a partir da vinda de Dalmiro Bustos (1975), fazem o cenário de conflitos políticos, abertos e velados, ruidosos e latentes. Trabalhar pela organização dos primeiros congressos, da revista, criar diálogos entre os profissionais e esgotar os ruídos dos conflitos aflorados antes da federalização foram a meta das três primeiras gestões para criar uma identidade psicodramática nacional. A organização da revista e o compromisso de fazer congressos brasileiros bienais fazem parte do Estatuto da Federação. Para uma análise histórica da revista, veja o Capítulo VIII, escrito por Devanir Merengué, por meio do qual podemos acompanhar essa evolução. Para saber mais sobre a evolução dos congressos, leia o Capítulo VII, de Lilian Tostes.

É interessante relembrar que antes de 1962 a psicologia da educação e do trabalho eram os campos mais bem constituídos, os que mais lutaram pela legalização da profissão. A psicologia, imediatamente depois de reconhecida como profissão (1962), centralizou seus cursos na implantação de uma área *nobre* – a clínica. Os primos pobres educação e trabalho ficaram secundários.

Vejo aqui argumentos fortes – que não anulam outros – para a primazia clínica: a imitação do campo da psicanálise, que já estava constituída como profissão de elite; a colocação de várias profissões no patamar de *paramédicas*, que justificou a adoção de alguns modelos clínicos como autovalorização nas relações de saber e poder profissional; o aproveitamento, durante a ditadura, do *milagre econômico*, que permitiu as *listas de espera* nos consultórios. Além, é claro, de ser um movimento de autoconhecimento, de tratamento das seqüelas do período de resistência à ditadura.

O psicodrama fez o mesmo caminho da psicologia – antes voltado para o socioeducacional e o mundo do trabalho, depois de oficializado, dedicou-se ao campo clínico, afastando-se do social. Esse movimento abafou sua capacidade revolucionária. A administração dos conflitos políticos e teóricos também contribuiu para que o movimento ficasse centrado em um único campo de aplicação, a clínica. Lutou bravamente contra o desenvolvimento de figuras míticas, os chamados *bezerros sagrados*. Muitos queriam que o movimento fosse diferente da psicanálise, em que um *guru* comandava a escola. Essa proposição do primeiro estatuto manteve a federação com um perfil diferente do que temos hoje. Isso será comentado mais detalhadamente depois da grande reforma do estatuto de 1990.

Continuemos a acompanhar a história brasileira e nosso movimento.

REVENDO POSTURAS NO CAMPO E NO HABITUS, 1983–1988

Novembro de 1983 ficou registrado como a data oficial do início do movimento das Diretas Já, que produziu as eleições indiretas em 1985 e as diretas em 1989. Os economistas costumam se referir aos anos 1980 como a *década perdida*, repleta de crises político-econômicas: enterro definitivo do *milagre econômico*, substituído por vários planos econômicos, mudanças na moeda, inflação galopante, moratória da dívida externa e, no fim do período, a promulgação da nova Constituição (1988).

Como narrado no Capítulo IV, por iniciativa e direção de Regina F. Monteiro (Réo), Ronaldo Pamplona e Carlos Borba, foi realizado na Câmara Municipal de São Paulo o Psicodrama das Diretas Já (17 de abril de 1984), marcando posição no cenário nacional. Esse trio de psicodramatistas, pioneiros em psicodramas e sociodramas públicos, contam que a organização desse evento foi feita sem o apoio da federação. Muitos da direção consideravam imatura a saída do psicodrama às ruas. Os pioneiros, mesmo solitários na iniciativa, marcaram posição nas Diretas Já. Hoje sabemos que, mais do que conhecimento das técnicas, é preciso saber sentir, irmanar com o povo, manifestar nossa posição, buscar uma leitura do social que nos indique uma posição política nos acontecimentos. Isso foi feito, éramos brasileiros partidários do fim da ditadura e da redemocratização do país. Agradecemos ao grupo que deixou na história nossa posição moreniana.

Enquanto o cenário nacional lutava para estabilizar a economia e retomar a democracia, o movimento psicodramático forçava suas margens estatutárias pedindo reforma.

Nessa época, os psicodramatistas do chamado *psicodrama aplicado*, formados em escolas privadas, conquistaram o direito à participação nos congressos e, em seguida, o direito a ter seus diplomas reconhecidos e registrados na Febrap, gestão 1983–1984. Concomitantemente, o movimento abriu-se ao intercâmbio com congressos no exterior e à vinda de estrangeiros aos eventos. Reabriram-se os espaços de debates nos congressos como caminho de resolução coletiva dos conflitos. Um impulso foi dado à *Revista Brasileira de Psicodrama*, ampliando a produção científica, como preparação para indexação; foi concretizada a criação do *Jornal da Febrap* como meta de agilização da comunicação entre as federadas. O número de grupos cresceu e muitas necessidades foram evidenciadas, trazendo pressão entre as correlações de forças.

Nova crise política eclodiu no VI Congresso Brasileiro (1988), mostrando a urgência da revisão do primeiro estatuto, em que vigorava a exclusividade do psicodrama clínico, apesar de já existirem vários cursos de psicodrama aplicado e pedagógico.

Muitos autores da sociologia das profissões apresentam estudos das formas de regulamentação das profissões. A medicina e o direito têm a primazia na constituição do campo, por isso são tomados como modelos pelas mais jovens profissões. No caso do psicodrama, considero que a psicanálise substituiu o modelo da medicina em muitos momentos.

A regulamentação de uma profissão define o trajeto que os profissionais graduados farão no mercado de serviços, quando deverão pôr em prática seus conhecimentos de acordo com definições de certos padrões técnicos e administrativos.

Para os estudiosos da sociologia das profissões, os elementos essenciais de uma regulamentação profissional são os mecanismos de entrada no mercado, isto é, o controle do mercado. Esse controle é mantido pela exclusividade do reconhecimento dos profissionais por meio da diplomação, pela preservação do acesso aos conhecimentos próprios do campo e ainda pelo controle da competição profissional, tanto internamente no grupo como entre grupos diferentes, por meio da estrutura, da atuação e do espaço de trabalho. Também pela credibilidade que a organização federativa alcança na sociedade como um todo e, por fim, pela constituição das formas remuneratórias da categoria. Reunidos esses critérios, a profissão, por meio da federação, completa a conquista do poder de se autogerir.

O movimento psicodramático já lutava por seu reconhecimento como especialização. A demanda era para o nível de especialização – não era cogitado o reconhecimento como profissão. Vivíamos dura batalha por nosso espaço na sociedade, assim como o país lutava pelo caminho da democracia.

No período seguinte, o movimento aumentou as pressões, conquistando a revisão das leis da Febrap. Também o Brasil (re)conquistou o direito de eleger seus representantes: venceu o movimento das Diretas Já.

Vejamos, no próximo capítulo, as transformações que o novo estatuto trouxe para o movimento psicodramático.

REFERÊNCIAS BIBLIOGRÁFICAS

GUIMARÃES, L. A. *Teoria socionômica sobre a evolução dos grupos e seu contrapapel no contexto de ensino.* Mesa-redonda apresentada no VII Encontro Norte-Nordeste de Psicodrama. Aracaju, Sergipe, 2004 (mimeo).

_____. *Papel socionômico do professor de psicodrama: um resgate do papel socionômico do professor de psicodrama em suas funções didático-pedagógicas e socioeducacionais.* Dissertação (Título de Psicodramatista Didata e Docente – supervisor em Psicodrama). Bahia, Salvador, 2004 (mimeo).

MACHADO, M. H. "Sociologia das profissões: uma contribuição ao debate teórico". In: MACHADO, M. H. (org.). *Profissões de saúde: uma abordagem sociológica.* Rio de Janeiro: Fiocruz, 1995, p. 13-33.

MORENO, J. L. *Psicodrama.* São Paulo: Cultrix, 1975.

PANSANI, V. "O psicodrama e a criança: uma pequena viagem na história." In: *Revista Brasileira de Psicodrama*, São Paulo, v. 15, n. 1, p. 127-141, 2007.

RODRIGUES, M. L. *Sociologia das profissões.* Oeiras: Celta, 1997.

Entrevistas dos ex-presidentes da Febrap concedidas à Júlia M. Casulari Motta

1. Içami Tiba (1976-1978). Entrevista: São Paulo, 2005.
2. Flávio S. Pinto (1979-1980). Entrevista: por e-mail e telefone, 2006.
3. Ismael F. Zanardini (1981-1982). Entrevista: Curitiba, 2005.

O DESENVOLVIMENTO DA FEBRAP (1976–1988) E A FORMAÇÃO DO CAMPO...

4. José Carlos Landini (1983-1984). Entrevista: Campinas, 2005.

5. Geraldo Franscisco do Amaral (1985-1986). Entrevista: Goiânia, 2006.

6. Alexandre R. Bhering (1989-1990). Entrevista: por telefone, 2005.

7. Geraldo Massaro (1991-1992). Entrevista: São Paulo, 2005.

8. Luiz Amadeu Bragante (1993-1994). Entrevista: São Paulo, 2005.

9. Marlene Magnabosco Marra (1997-1998). Entrevista: São Paulo, 2005.

10. Heloisa J. Fleury (1999-2000). Entrevista: São Paulo, 2005.

11. Heloisa J. Fleury (2001-2002). Entrevista: São Paulo, 2005.

12. Marta Echenique (2002-2003). Entrevista: São Paulo, 2005.

13. Maria Cecília V. D. Baptista (2005-2006). Entrevista: São Paulo, 2005.

14. Marlene M. Marra (2007-2008). Entrevista: São Paulo, 2005.

Entrevista com precursores do psicodrama no Brasil

1. Pierre Weil (2004). Entrevista: Belo Horizonte, 2004.

2. José Fonseca (2005). Entrevista: São Paulo, 2005 e 2006.

VI

REVENDO AS LEIS, MUDANDO OLHARES, ATUALIZANDO O MOVIMENTO (1989–2007)

Júlia Maria Casulari Motta

A IMPLANTAÇÃO DE NOVOS VALORES E METAS (1989–1996)

Nesse período, as insatisfações dentro do movimento psicodramático geraram uma crescente necessidade de pesquisa para consubstanciar a reforma do estatuto. Os representantes das instituições federadas no Conselho Normativo e Fiscal (CNF) trabalharam no projeto por meses, até construírem uma proposta referendada em assembléia.

As principais mudanças foram: a substituição do Conselho Normativo e Fiscal pelas Regionais, o ponto nevrálgico da exclusividade dos cursos clínicos teve seu fim, incluindo os cursos pedagógicos e aplicados (posteriormente agrupados sob a denominação socioeducacional), constituiu-se a Câmara de Ensino e Ética, as escolas de psicodrama com fins lucrativos foram incorporadas e o diploma reconhecido, passando a obedecer às mesmas regras de formação, a Febrap deixou de ser itinerante a cada gestão, ganhando sede na cidade de São Paulo.

Cada mudança nas regras do jogo define os que entram e os que ficam de fora na constituição de uma profissão, porque a formação decorre de uma especialização de serviço que visa cada vez mais à satisfação de uma clientela. Os avanços vão se fazendo necessários: a criação de uma associação profissional que defina o campo e proteja seus membros dos clientes e dos empregadores, a fixação de um código de conduta e ética para seus membros, a promoção de uma formação específica alicerçada em um conjunto sistemático de conhecimentos que formam as teorias e definem uma cultura profissional, isto é, demarcam uma linha entre as pessoas qualificadas e as não-qualificadas. Essa cultura organizada em um corpo de conhecimentos explica e define as possibilidades de extensão do profissionalismo ou emergência de profissões/ocupações com estatuto semelhante (Rodrigues, 1997, p. 7-8).

Durante as reformas estatutárias, o movimento se manteve vivo e cuidadoso na defesa dos saberes e poderes do campo e na formação de novos *habitus* dos especialistas.

Enquanto a reforma interna ocorria no movimento psicodramático, no cenário internacional assistíamos à queda do Muro de Berlim, em 9 de novembro de 1989, depois de 28 anos de divisão concreta da cidade e de repartição simbólica do mundo.

No cenário nacional, Fernando Collor de Melo (1989) foi eleito presidente por voto direto, tomando posse em 1990. No primeiro dia de governo ele confiscou as poupanças e aplicações. O país conheceu uma crescente ampliação do neoliberalismo representado pela promoção do Estado mínimo, com um impulso nas privatizações de empresas públicas e demissões em massa. Foi implantado o Código de Defesa do Consumidor (1991). Em 2 de outubro de 1992 Collor de Melo foi afastado temporariamente e em 29 de dezembro de 1992 renunciou, antes do julgamento. Seu afastamento levou o vice Itamar Franco à presidência, e à promoção de um plebiscito (1993), vencendo o presidencialismo. Na posição-chave de Ministro da Fazenda, Fernando Henrique Cardoso liderou um plano econômico que resultou na implantação do Plano Real (julho de 1994) visando o controle da inflação. Essa façanha preparou seu caminho para que fosse eleito presidente no primeiro turno, tomando posse em janeiro de 1995. Em 1996, seu governo acabou com a política salarial, iniciando a livre negociação: estava cumprido o básico catecismo da chamada globalização.

A administração da Febrap esteve centrada na implantação e avaliação do novo estatuto, tendo como uma das primeiras conclusões avaliativas que o fim do Conselho Normativo e Fiscal resultou em perdas políticas ao movimento, visto que a proposta de sua substituição pelas Regionais não floresceu como esperado. O antigo espaço político desarticulado não foi substituído. Já a iniciativa de uma sede fixa para a Febrap viabilizou pontos administrativos que ampliaram a consistência do movimento. As mudanças educacionais com inclusão das escolas particulares, a criação da Câmara de Ensino e Ética, o Seminário Nacional de Teoria do Psicodrama e a publicação de um livro com os principais textos do evento mostram que o foco maior estava no ensino, na formação de recursos humanos.

A abertura para a diversificação dos especialistas modifica o panorama do profissionalismo e esse passa a ser o próximo foco da federação.

JÚLIA MARIA CASULARI MOTTA

RECONHECENDO A IDENTIDADE, VISITANDO O PASSADO EM BUSCA DO FUTURO, 1997–2000

O período começa com atenção ao aprimoramento da infra-estrutura para efetivação de projetos comuns das federadas, focando a diminuição das distâncias por meio da *home page* para aprimorar a rede de comunicação e a criação do jornal *Em Cena*. Os *folders* e *stands* em congressos apresentam a Febrap por meio de suas entidades filiadas, criando um panorama de conjunto, como parceria e legitimação mútua.

Ora, esse trabalho da federação confirma a teoria de que a construção da profissionalização é responsabilidade da associação que a representa. Isso é o centro de seu projeto: a delimitação de quem é especialista. Precisa, para tanto, apresentar a definição de um quadro ético e de conduta, que se torna a defesa dos afiliados por esse órgão de representação. O clareamento do novo contorno do campo gerou um sentido de pertencimento, dando asas aos psicodramatistas brasileiros, que ampliaram o intercâmbio com o movimento internacional e estreitaram laços com a Associação Internacional de Psicoterapia de Grupo (IAGP). Nasceu a parceria que desencadeou no Congresso Internacional de Psicoterapia de Grupo, realizado em julho de 2006 em São Paulo. O trabalho do editor Wilson C. de Almeida com a *Revista Brasileira de Psicodrama* permitiu a indexação na base CFP e a Biblioteca Latino-Americana de Psicologia (veja o Capítulo VIII).

Os tempos eram de incentivo ao ensino, com a criação de caderno de programa de ensino e a adoção de monografia para conclusão de curso. A Febrap começou um trabalho de adequação dos cursos ao padrão do Ministério da Educação e

Cultura (MEC), visando ao reconhecimento da especialização pelo Estado. O desejo da federação de incluir a especialização no MEC não encontrou respaldo no coletivo, e muitas críticas foram direcionadas a ele, explicitando conflitos entre os que consideravam aquele um tempo de avanço e outros que achavam o projeto prematuro ou desnecessário.

Até pouco tempo, bastava a uma profissão o reconhecimento da sua federação/associação, mas hoje se busca o Estado como instância de oficialidade, de reconhecimento científico e social da profissão, dando a ela o *status* de movimento comprometido com o ensino e a participação social. As teses de declínio das profissões, que se baseiam no conceito de proletarização e desprofissionalização, definem que o processo de modernidade e as modificações nos sistemas sociais, culturais e econômicos das sociedades contemporâneas geram erosões no fenômeno das profissões. Já as teses da dominância defendem que a nova organização social dependerá cada vez mais das profissões. Mas o que podemos dizer é que estamos longe de um consenso quanto à interpretação do que será o futuro das profissões.

Vivemos nesse clima de crise econômico-social sem precedentes, quando a tendência à divulgação dos conhecimentos e a familiarização dos leigos com as atividades dos profissionais favorecem as atitudes de desafio da autoridade profissional, porque o conhecimento dos efeitos perversos das aplicações da ciência e da técnica teria como desdobramento a convicção da necessidade de controle das profissões (Rodrigues, 1997, p. 134). Entretanto, o desenvolvimento de novas áreas de conhecimento e a emergência de novos grupos profissionais balançam os monopólios profissionais estabelecidos. Além disso, as tendências de evolução interna no sentido da especialização e fragmentação dos grupos profissionais implicariam na perda da capacidade coletiva de negociação.

Atualmente, no novo panorama das atividades profissionais como organizações burocráticas e de diminuição do potencial de ganho, vê-se um estado de subordinação e perda de autonomia por parte dos profissionais no controle do trabalho e nas relações com os clientes. Mais insegurança e perda de prestígio e privilégios passam a fazer parte do cotidiano das profissões, com alterações em sua composição demográfica.

O psicodrama fez os dois movimentos, interno e externo, visando à sobrevivência da especialização/profissão. Buscou parcerias externas. Passou a investir cada vez mais na formação. Por meio do Encontro Nacional de Professores e Supervisores estudou a re-significação do ensino do psicodrama. Definiu como principal foco a formação do corpo docente, a definição de diretrizes curriculares para a carreira de titulação dos professores. Sobre esse tema recomendo o trabalho de titulação para professor-supervisor de Leonídia A. Guimarães (2004). Nele, a autora fez uma reflexão sobre as mudanças no papel de professor-psicodramatista. Estamos diante de uma estratégia de profissionalização desenvolvida pela comunidade psicodramática.

É um esforço de enfrentamento da difusão do profissionalismo e de sua ideologia nas organizações? Será uma luta diante dos poderes associados aos saberes e da emergência de novas formas de associacionismos profissionais que a atualidade exige? São necessárias novas pesquisas.

O poder profissional vem de muitas fontes, da jurisdição, da proteção do Estado, das alianças com classes sociais, dos conhecimentos desenvolvidos e da legitimação pela clientela. Esse conjunto reflete um equilíbrio de forças que resulta do enfrentamento de inúmeros conflitos cujas resoluções redefinem relações entre profissões. Sabemos que o valor do conhecimento tecnológico depende do valor de uso, isto é, do desempenho de papéis, da aplicabilidade da especialização no social. A relação das profissões com o Estado e com os clientes é de mão-dupla, encontra-se subordinada ao exercício do uso dos poderes que cada profissão tem, visto que seu valor do campo depende da função social na qual desenvolve seu trabalho.

Tomando como referência as palavras foucaultianas que dizem que o poder está em todo lugar, acrescento que a rapidez da onda abismal da sociedade flexível e o atual uso conflituoso das profissões geram ciclos de impotência.

Às vezes impedidos de ler o presente, tememos o futuro: Qual o próximo passo? O que planejar?

No plano mundial, a crise dos Tigres Asiáticos (1997) ocasionou a queda de todas as bolsas. Com a crise do socialismo na Rússia, morre o sonho revolucionário que havia alimentado muitas gerações do século XX. A aproximação do fim do século explicita a urgência do que ficou por fazer na modernidade de nosso país e justifica um ano de 1997 com privatizações e, em julho, com a aprovação da reforma na Constituição, que permitiu a reeleição de FHC. O Plano Real e sua vitoriosa política de desigualdade social o reelegeram presidente em 1998. Houve a melhora da liquidez externa, entretanto, continuavam as privatizações, agora com o Sistema Telebrás. O segundo mandato foi inaugurado com a Moratória do Estado de Minas Gerais, uma crise cambial grave, com o ajuste fiscal decretado pelo Governo. Vivemos o Setembro Negro, com a elevação da taxa de juros Selic e a possibilidade de *impeachment* de Clinton, que derruba as bol-

JÚLIA MARIA CASULARI MOTTA

sas. Nesse cenário de crise político-econômico-social vivíamos a virada do milênio palmilhada pelo aceleramento do
desemprego e acompanhada de inúmeros conflitos profissionais. O movimento psicodramático vivia também um novo
conflito: os consultórios cada vez mais em crise levavam os
psicodramatistas a reverem posições. Já não era possível cen-
tralizar a especialização somente em psicodrama clínico. Os
cursos não podiam continuar formando especialistas sem
campo de aplicação. As mudanças no mundo do trabalho
passaram a exigir cada vez mais diplomação reconhecida pelo
Estado. O psicodrama precisava deixar sua intimidade dos
institutos para enfrentar a competição das pós-graduações
que proliferavam por toda parte.

O Brasil globalizado: Estado privatizado, Plano Real que
controlava a inflação com uma política econômica de desigualdade social e de juros altos, violência social, impunidade crimi-
nosa, denúncias de impunidade nas classes altas e políticas faziam do país um lugar cheio de incertezas para uma profissão.

Qual seria o destino do psicodramatista no novo milênio?

AMPLIANDO O OLHAR PARA O SOCIAL (2001−2007)

O período começa com a ampliação do debate científico sobre a busca de novas formas de participação social, da
necessidade de desenvolvimento de outras modalidades de
atuação para os psicodramatistas, tema presente nos mais
recentes congressos, encontros nacionais e internacionais
organizados pela Febrap. Nesse movimento, oficializa-se a
parceria entre Febrap e International Association for Group
Psychotherapy and Group Processes (IAGP) para organização do 16th International Congress of Group Psychothera-

REVENDO AS LEIS, MUDANDO OLHARES, ATUALIZANDO O MOVIMENTO...

py (julho de 2006). Um esforço concentrado da Febrap, por meio de um grupo de experientes psicodramatistas, coordena a organização de um evento internacional, o maior congresso de psicoterapia de grupo do mundo. Enquanto esse acontecimento era organizado, revivíamos o entusiasmo da participação no movimento das Diretas Já (1986), com novo trabalho social de grande porte. Em 21 de março de 2001, na cidade de São Paulo, é realizado, simultaneamente, em muitos pontos da cidade, um psicodrama público, Cidadania e Ética, coordenado pela psicodramatista Marisa Greeb. O convite veio da prefeita Marta Suplicy. Houve a participação e o envolvimento de centenas de sociopsicodramatistas.

Como desdobramento desse evento e com a coordenação de Antonio Carlos Cesarino teve início o projeto do CCSP já comentado no Capítulo IV. Em outros estados chegam notícias de que também são organizados trabalhos públicos, mas nenhum de tão longa duração como esse. A maioria é trabalho pontual. Aqui cabe ressaltar uma frase atribuída a Jacob Levy Moreno: "O século XX é de Freud, mas o século XXI será do psicodrama".

O coletivo com suas novas questões sociais pede, cada vez mais, ações coordenadas das ciências sociais e humanas. Deparamos com a necessidade de que o conhecimento seja socializado para além do terapêutico e das academias. A crise socioeconômica dos últimos 20 anos, que encerrou o período de crescimento da industrialização (1930–1970), enterrou o chamado *milagre econômico*, os vergonhosos anos da ditadura militar.

Entramos nas transformações sem precedentes da chamada III Revolução Industrial, com suas organizações hipermodernas e a descoberta da possibilidade da gestão dos trabalhadores pelo inconsciente, tornando as abordagens sociais de grupo um recurso atual. Essa realidade gera uma demanda cada vez maior de trabalhos em grupo, de ações que promovam a vinculação entre pessoas e grupos. Há um chamamento crescente de conhecimento humano.

Mas, internamente, a federação reconhece que as escolas haviam perdido um espaço político no movimento e que a diretoria estava isolada das instituições, portanto, dos psicodramatistas. Nasceu então o Fórum Gestor (2002), que devolveu às federadas um espaço político, reaproximando-as das decisões da associação. As Regionais, criadas em 1990, são desativadas por não terem correspondido às razões de sua criação: descentralização do poder.

Enquanto isso, o movimento do psicodrama em conjunto com outras instituições congêneres nacionais e internacionais continuou crescendo, paralelo à busca de novas formas de participação social. O congresso saiu do contexto hoteleiro fechado e ocupou espaços na cidade com atuações simultâneas ao evento. Em 2004, durante o Congresso Brasileiro, a capital mineira acolheu vários sociodramas públicos, dentro da atividade "Comunidade em cena".

Acentuaram-se as mudanças no perfil dos alunos de psicodrama, e, por recomendação da Febrap, a maioria dos cursos de formação passou a ser generalista.

Começou o movimento de formação continuada, que foi prontamente aderido por algumas escolas. Foram formalizados três níveis de especialização: nível I – especialista em psicodrama; nível II – professor e terapeuta didata; nível III – professor-supervisor. Cada nível necessitava de monografia denominada TCC – trabalho de conclusão de curso, que tinha um orientador e era avaliado por uma banca de dois professores, em cerimônia pública. Esse trabalho de conclusão de curso já existia, mas ganhou força nova. As escolas passaram a valorizar o TCC. Estávamos nos aproximando da academia, em um esforço de reconhecimento de nossa especialização pelo Estado. Algumas escolas já adotavam esse procedimento muito antes da formalização pela Febrap. Outras ainda lutavam para manter o primeiro nível de formação. Existia grande desigualdade entre as federadas com relação ao número de integrantes do corpo docente, aos recursos financeiros e ao número de alunos.

Não havia obrigatoriedade de oferecer cursos de formação permanente para que uma escola fosse federalizada, bastava ser um centro de divulgação do psicodrama. Assim, tínhamos federadas que funcionavam no consultório de um psicodramatista que eventualmente promovia eventos. Outras possuíam um corpo docente bastante grande e permanente, que se reunia regularmente, e mantinham cursos nos três níveis.

Enquanto isso, no cenário nacional, terminava o segundo governo FHC em um ano de crises: crise do Real e da energia elétrica – o apagão –, que durou todo o segundo semestre de 2001. Outros acontecimentos de destaque foram o contágio da crise Argentina; o erro na superestimativa da crise de oferta e reação de demanda; a crise de expectativa eleitoral; o fatídico 11 de setembro de 2001, com a explosão das Torres Gêmeas norte-americanas e algumas greves e nenhum avanço na ação dos Sem-Terra (MST), considerado o maior movimento popular da década de 1990.

Foi eleito, pelo Partido dos Trabalhadores (PT) (1980), o primeiro presidente metalúrgico, Luiz Inácio Lula da Silva, empossado em 2002. Lula manteve a política econômica do governo FHC, na qual a elite financeira lucra mais e busca sustentação nas massas populares com programas do tipo Fome

Zero, Bolsa Família. Muitos que acreditaram em uma oportunidade social assistem decepcionados à continuação da política de desigualdade social em clima de denúncias de corrupção. Em 2006, um ano eleitoral, vimos desfilar na TV candidatos parecidos, discursos iguais, posturas semelhantes, programas nos quais o eleitor não acreditava serem cumpridos. Caminhamos cabisbaixos para um pleito sem oposição política e sem mobilização da sociedade, para uma eleição com grande divisão entre estratos sociais e regionais.

Ano novo, 2007, mas o panorama continuava com desfiles intermináveis de denúncias sem mudanças e punições. Corríamos o risco de ver consagrada a impunidade de delinquentes políticos, o que aumentaria a insegurança jurídica e poderia jogar o país em uma crise sem precedentes. Recente pesquisa do Instituto Internacional de Desenvolvimento Empresarial (IMD) revelou que o Brasil despencou da 37ª para a 52ª posição no *ranking* das economias mais competitivas do mundo, mantendo uma taxa de juros que garante aos bancos e aos ricos aumentarem a distância em relação à grande maioria dos brasileiros.

Assistimos horrorizados ao crescimento da violência do crime organizado com o Primeiro Comando da Capital (PCC), por meio do tráfego internacional de drogas. Terminamos o ano com o filme *Tropa de elite*, no qual quase não conseguimos distinguir quem é quem nas cenas. Realidade dura! O Presidente do Senado resistia no trono do poder constituído. Foi feita uma votação secreta que inocentou Renan Calheiros. Diante da reação popular, mas depois de muita resistência, o dito-cujo entra em licença (prêmio?). Renunciou para não ser cassado. Manteve sua legalidade de candidatura.

Entre vitrines coloridas de luzes multiformes e um massacre de propagandas tentadoras, os jornais noticiaram a menina de 15 anos presa por vinte dias em uma cela com trinta homens. Algumas manchetes: "Os vizinhos sabiam mas nada era dito por medo"; "Promotores foram avisados mas nada fizeram". As cenas de estupro na cadeia foram filmadas e vendidas a cem reais (?!?!).

Estávamos longe do sonho de um Estado ético, do bem-estar social, mas foi nesse mesmo palco de desânimo que vimos nascer o movimento da economia solidária organizando grupos de trabalhadores, criando esperanças e subsistência para as famílias. Vários movimentos criativos de resistência nasceram e se fortificaram entre afins.

Como resultado de pressões sociais, tivemos como exemplo a mudança no Legislativo do voto secreto para voto aberto. Em setembro, o Congresso Nacional, com 383 votos a favor, nenhum contra e quatro abstenções, 75 a mais do que o necessário para a mudança na Constituição, mudou o perfil do campo político no Legislativo. Mesmo sendo uma vitória que requeria confirmação no Senado, foi fruto da participação popular nas decisões políticas.

Existe um ditado que diz: "Se conhece o bom marinheiro quando o mar está bravo". E onde estamos em nossas manifestações cívicas? O que teria feito Moreno se fosse brasileiro hoje?

O perfil da constituição da Febrap está formado por 39 federadas (já chegou a 50, em tempo de expansionismo). O Fórum Gestor estuda novos critérios de filiação e de manutenção. Algumas escolas preferem se descredenciar ou são descredenciadas por abandono dos pagamentos das mensalidades. As federadas estão distribuídas entre doze estados (BA,

CE, ES, GO, MG, PE, PR, RJ, RS, SC, SE, SP) e Brasília (DF) e apresentam uma diversidade de olhares e formas de trabalho. Algumas juntam o psicodrama a outras abordagens. O campo do psicodrama brasileiro está por ser mais bem definido em muitos aspectos.

As eleições para diretoria executiva são bienais, tendo sido até agora por meio de chapa única. Nas reuniões do Fórum Gestor, as filiadas têm um espaço garantido de participação política no movimento, funcionando como órgão definidor das políticas do movimento.

Nem todas as escolas filiadas participam desse espaço político. Algumas se fazem representar nos momentos de votação de temas educacionais, ausentando-se em outras ocasiões. Às vezes, filiadas de São Paulo, onde ocorrem as reuniões do FG, não comparecem.

A Febrap ganha outro perfil com a maioria das federadas de caráter particular – são novos padrões. Agora, 52% são instituições com fins lucrativos.

No mundo do trabalho os psicodramatistas deixaram de ser trabalhadores assalariados para se tornarem pessoas jurídicas, as famosas consultorias. Muitos deles misturam psicodrama com outras abordagens, criando um jeito novo de ser psicodramatista. Que avaliação podemos fazer dessa realidade? Ganhamos credibilidade, respeito social?

A urgência de reconhecimento da especialização pelo Estado faz as escolas buscarem parcerias com as universidades. Os cursos ganharam o perfil moldado na Academia. Muitos professores de psicodrama voltam à universidade em busca de novas diplomações, fazem pós-graduação. A urgência dos chamamentos do social e as crises dos consultórios exigem que as federadas busquem campo de estágio para os alunos cada vez mais no social. Nos cursos, a atenção é para o socioeducacional, sem estímulo especial ao psicodrama clínico. Entretanto, os professores, em sua maioria, permanecem psicodramatistas clínicos.

Começam a aparecer escolas que vendem seus cursos em outras cidades – uma única federada e diversos cursos criando uma rede de ensino do mesmo padrão. Tais federadas ganham espaço no Fórum Gestor, onde são definidos os princípios do ensino e do movimento. Estamos diante de um movimento novo que aproxima as escolas de psicodrama a empresas?

As dificuldades financeiras das federadas sem fins lucrativos no cenário nacional competitivo progressivamente abriram um novo campo liderado pelas escolas particulares. Essa é uma mudança significativa e não sabemos para onde está caminhando o movimento. No futuro, qual será o perfil do movimento brasileiro? A Febrap se tornará uma federação de escolas particulares? O que vai mudar em seu olhar sobre a formação e a aplicação? Existem pontos positivos e negativos em cada modelo de realidade. O mais importante é termos clareza do que está acontecendo para sabermos decidir o que fazer a cada escolha.

Continuamos com a maioria dos professores com formação e prática clínica, entretanto estamos diante de uma demanda crescente de trabalhos sociais, institucionais. A chamada clínica ampliada, ou comunitária, tem sido alvo de poucos debates e de uma produção científica pobre nos congressos e na revista. Vemos os grande temas sociais ecológicos por enquanto quase que ignorados nos eventos. Por que pensar nisso? Onde estarão as soluções para tantos conflitos atuais?

JÚLIA MARIA CASULARI MOTTA

Fomos capazes de desenvolver muitos pontos e vitórias ficam registradas em nossa história. Lutamos bravamente pelo que acreditamos, como os congressos, que poderemos ver pela narrativa de Lilian Rodrigues Tostes.

REFERÊNCIAS BIBLIOGRÁFICAS

GUIMARÃES, L. A. *Teoria socionômica sobre a evolução dos grupos e seu contraponto no contexto de ensino*. Dissertação (Trabalho para obtenção do título de Psicodramatista Didata e Psicodramatista Didata Supervisora com foco psicoterápico). Associação Baiana de Psicodrama, Bahia, Salvador, 2004 (mimeo).

MORENO, J. L. *Psicodrama*. São Paulo: Cultrix, 1975.

RODRIGUES, M. L. *Sociologia das profissões*. Oeiras: Celta, 1997.

VII

PANORAMA DOS CONGRESSOS BRASILEIROS DE PSICODRAMA

Lilian Rodrigues Tostes

A realização de um capítulo focalizando os Congressos Brasileiros de Psicodrama tem como objetivo um resgate e um registro histórico fundamental desses importantes encontros promovidos pela Febrap desde sua fundação.

Segundo Ferreira (1986), podemos definir *congresso* como "reunião, encontro, ligação, ajuntamento, conferência, assembléia de delegados para discutirem assuntos de importância". De modo geral, em instituições de cunho científico, encontra-se nesses espaços a possibilidade do intercâmbio e da divulgação de novos saberes; da obtenção de conhecimento e reconhecimento de quem e do que tem sido realizado em contextos semelhantes e distintos de determinada área do conhecimento.

Acreditamos que a "história (e seus registros) pode oferecer perspectivas, indicar diretrizes (...) ajudar a evitar enganos antes cometidos por outros e mostrar de que maneira coisas variadas ajustam-se entre si" (Motta, 2005).

Com a fundação da Febrap em 1976, um espaço no qual os psicodramatistas pudessem aprofundar-se, compartilhar, aprender, divulgar, ampliar e viver psicodrama, ficou estabelecida em seus estatutos, no Título I, Artigo 2º, Item V: "Realizar um Congresso de Psicodrama, de âmbito nacional e/ou internacional, a cada gestão de sua diretoria" (Estatutos, 2006).

Dessa forma, inscreve-se na história da Febrap o grande encontro dos psicodramatistas, o Congresso Brasileiro de Psicodrama, carinhosamente chamado na comunidade psicodramática de CBP, que passa a ser um espaço efetivo de representação da produção científica dos psicodramatistas brasileiros.

No percurso dos 31 anos de existência da Febrap foram realizados quinze congressos nos mais diferentes lugares, de norte a sul do país, com os mais diferentes temas em prol do desenvolvimento do psicodrama e de suas aplicações nos mais diversos setores da sociedade brasileira.

Em virtude das características peculiares da Febrap, de filiar somente pessoas jurídicas, e de suas propostas, além de congregar profissionais e divulgar sua produção científica, os congressos acabam sendo palco também de debates político-institucionais, com tensões advindas das diversidades e especificidades de cada federada e, conseqüentemente, de seus dirigentes, mas sempre contornadas pela promoção de um clima afetivo e acolhedor.

É notório observar o crescente aumento de participações nesses congressos, tanto no que diz respeito à quantidade de trabalhos científicos e ao número de integrantes nas comissões organizadoras, quanto em relação ao número de congressistas, demonstrando o potencial de convocação que esses congressos têm na comunidade psicodramática.

Procuraremos traçar um panorama desses eventos que possa se constituir em importante fonte de entendimento da dinâmica pela qual passou o psicodrama, de seu crescimento e desenvolvimento nas diversas áreas científicas e de sua crescente legitimidade em cada contexto em que se apresenta. Dado que tal levantamento não foi efetuado anteriormente, sempre que as informações permitirem, pretendemos apresentar dados das dimensões e características de cada um desses quinze congressos por meio de um quadro-resumo.

Desejamos que esse estudo possa tornar-se fonte de referência histórica para os dirigentes da Febrap, futuros presidentes e organizadores de congressos e psicodramatistas. Para a construção e organização deste texto, foram utilizados como fontes de consulta os meios de divulgação e comunicação da instituição: boletins da Febrap, o jornal *Em Cena* e o site, bem como os regulamentos internos, anais, programas oficiais dos congressos e demais documentos atinentes a eles, além de dados de memória registrados por alguns presidentes desses eventos e de minha participação desde o IV CBP, ora como contra-regra, ora como atriz coadjuvante e, finalmente, como presidente do, até o momento, último congresso – o XV CBP, de 2006.

I CBP – MAIO DE 1978 – SERRA NEGRA, SP

Quando a primeira gestão assumiu, para o biênio 1976–1978, Içami Tiba, presidente da Febrap, já tinha um compromisso: a realização de um congresso brasileiro. Até aquele momento os psicodramatistas se apresentavam em eventos das áreas médicas, pedagógicas e psicológicas, e passariam a ter um espaço próprio para expor suas idéias, trocar experiências. Foi a primeira vez que "os psicodramatistas do Brasil se reuniram para um maior conhecimento recíproco e de seus trabalhos, de um modo exclusivo" (Machado, 1978).

O cenário nacional que se apresentava à época era o regime militar, com a vigência do AI-5, o que tornava os ambientes muito pouco propícios aos trabalhos grupais, que eram sempre vistos como contra a ordem, contra o regime etc. (Dapieve, 2000). Borba (2001) diz que na década de 1970, *graças* à ditadura militar, o psicodrama brasileiro permaneceu muito ativo, porém dentro dos consultórios e das escolas. Mas, já no fim do estado de exceção (exclusão), no início dos anos 1980, não mais se conteve e começou a sair em busca do público.

A tarefa inicial da comissão organizadora foi construir um evento com objetivos bem delimitados: fortalecer a imagem da Febrap, servir de estímulo para um maior questionamento dos aspectos filosóficos, ideológicos e técnicos do psicodrama e fazer que os psicodramatistas brasileiros se conhecessem e trocassem suas experiências (Tiba, 1978). Esses objetivos nos mostram um movimento voltado para algumas necessidades institucionais iniciais de auto-sustentação e auto-afirmação; um momento de reconhecimento: quem faz, o que faz e como faz.

Os grupos formadores, que desenvolviam cursos nas catorze federadas filiadas à Febrap, em sua grande maioria, dedicavam-se ao ensino do psicodrama terapêutico. Com isso, o público-alvo desse Congresso foi restrito a médicos psiquiatras e psicólogos. Nesse contexto, tínhamos, de um lado, o psicodrama limitado a trabalhos em consultórios médicos e psicoterapia e, de outro, os congressistas que discutiam e aprofundavam seus estudos sobre Moreno e sua propostas. Isso gerou algumas inquietações nos psicodramatistas preocupados com sua responsabilidade social, levando os dirigentes da Febrap a encaminharem um tema para o congresso seguinte: "O papel social do psicodrama".

Machado (1978) conta que foi por meio de uma taquígrafa que foram registrados alguns dos 35 trabalhos e publicados em edição especial da *Revista da Febrap*, ano 1, n. 2. Na avaliação final, a comissão organizadora considerou que "os objetivos foram largamente ultrapassados, para além de nossas pretensões iniciais, e é com grande alegria que constatamos que o psicodrama no Brasil cresceu e se firmou, estando agora apto a caminhar com seus próprios pés".

OS CONGRESSOS DA DÉCADA DE 1980

Os anos 1980 são marcados por importantes acontecimentos para o povo brasileiro. A sociedade vivia o recente sentimento de liberdade com a queda do AI-5, aprovada no congresso em 1979, durante o governo do general João Figueiredo: lei de anistia aos presos políticos e aos exilados, e também aos torturadores do regime militar (Vicentino, 2001). Contudo, ainda vivíamos sob o regime militar e sob intensa crise econômica.

No movimento psicodramático, "ouviam-se à boca pequena duas coisas: primeiro, que faltava ao psicodrama uma sustentação teórica mais bem fundamentada, o que justificaria a utilização de referenciais teóricos importados para suprir essa lacuna; segundo, que, embora utilizasse dramatizações, o psicodrama nada tinha a ver com o teatro: 'teatro é uma coisa, psicodrama é outra'" (Aguiar, 2001). Na busca de uma melhor compreensão do psicodrama, a década de 1980 vai priorizar o resgate da teoria. Essa enorme produção teórica foi revelada nas programações científicas dos congressos. Em 1985, após árdua luta em prol do reconhecimento do curso de formação em psicodrama pedagógico, a Febrap passa a reconhecer a titulação dos psicodramatistas das áreas terapêuticas e pedagógicas (Redher, 2002).

II CBP – junho de 1980 – Canela, RS

Os dirigentes da Febrap passaram dois anos empenhados no resgate das propostas originais de Moreno e, quando da realização do II CBP, mantiveram o tema sugerido no congresso anterior: "O papel social do psicodrama". Assim, a comissão organizadora, sob a direção de Flávio Pinto, juntamente com as dezesseis federadas, concretizam a abordagem de uma série de questões e angústias do I CBP. Encontramos no texto de um dos materiais de divulgação desse congresso o objetivo assim definido: "O II CBP visa à assistência e promoção da realidade brasileira em termos da saúde mental". O que nos mostra que essas reflexões continuavam ainda restritas à área da saúde. Com esse objetivo, o público-alvo exclusivo foram graduados em medicina e psicologia.

Esse congresso caracterizou-se pelo aprofundamento da prática clínica em seus vários contextos por meio de quase setenta trabalhos, alguns dos quais publicados na *Revista da Febrap*, ano 3, n. 2. Esse número de trabalhos, aliado ao número de quase quatrocentos especialistas participantes, foram considerados um sucesso muito gratificante.

III CBP – outubro de 1982 – Caiobá, PR

Ainda no eixo das regiões Sudeste–Sul, o III CBP ocorreu no balneário de Caiobá, de 8 a 12 de outubro de 1982, sob a presidência de Ismael Zanardini.

Nesse terceiro encontro de psicodramatistas brasileiros a produção científica começou a mostrar o potencial que estava por vir. Com um considerável aumento no número de instituições participantes – 24 federadas –, o III CBP registrou 59 trabalhos, além dos debates públicos. Esses trabalhos podem ser encontrados na *Revista da Febrap*, ano 5, n. 1 e ano 6, ns. 1 e 2. Não conseguimos encontrar registros das atividades públicas, que possivelmente nos indicariam quais caminhos foram percorridos até o IV CBP.

IV CBP – junho de 1984 – Águas de Lindóia, SP

O ano de 1984 caracterizou-se pelo movimento pelas Diretas Já, que apareceu como uma exigência do direito de eleger o presidente da República (direito cassado em 1964). A liberdade de expressão e lutas por seus direitos civis levaram milhões de brasileiros às ruas. "O Brasil viu surgir o fervor patriótico de passeatas e comícios" (Dapieve, 2000).

É notória a evolução e o interesse que o método psicodramático despertava em solo brasileiro. Como também era nítida a inquietação dos profissionais com o compromisso social que o método psicodramático estimulava. Esse congresso marcou o início da tomada do projeto moreniano, ainda de modo incipiente, por meio do resgate da socionomia, defendida por Aníbal Mezher (1984).

Sob a direção de Luiz Falivene e com a participação de 21 federadas, os organizadores promoveram a apresentação de 80 trabalhos científicos. Dentre as atividades, algumas tinham um caráter político-institucional, como a mesa-redonda intitulada *Caracterização do Psicodrama*, cujo tema se desdobrou em um difícil debate sobre as relações de poder: entre os psicodramatistas e seus clientes; entre os apresentadores e os participantes do congresso; o poder na gestão da Febrap, entre o Conselho Diretor e o Conselho Normativo e Fiscal; a manutenção do sistema de saúde e do sistema político-financeiro do país (Anais do IV CBP, 1984). Essa mesa-redonda também foi fruto de inquietações a respeito dos aspectos sociais do psicodrama, suscitando-se a necessidade de um resgate de Moreno em seu período inicial.

No último dia de congresso foi realizado o fórum de debates sob o título *Avaliação crítica e novos rumos do psicodrama após 14 anos de Brasil*, coordenado por José Carlos Landini, então presidente da Febrap. Esse espaço propôs uma tribuna livre para que todos pudessem discutir e promover as primeiras alterações nos estatutos da Febrap. O ponto forte do debate centrou-se na utilização correta dos termos *psicodrama*, *sociodrama*, *socionomia*, já que, até então, o termo *psicodrama* era utilizado de modo generalizado. Seixas (1984, p. 9) apontou naquele momento que "... há muito não se discutia o que é o poder, o tema político, a discussão política e social do psicodrama". Identificava ali o pouco interesse sobre temas que focam trabalhos desenvolvidos fora do ambiente de consultórios e psicoterapia.

A sensação de liberdade advinda com a queda do AI-5 e o fim da ditadura se aproximando com o movimento pelas Diretas Já foi refletido no espaço do IV CBP: o povo brasileiro estava ávido por recuperar sua autonomia e os psicodramatistas pareciam desejar recuperar o projeto socionômico de Moreno. Também havia uma preocupação com a possibilidade de transformar os congressos em eventos elitizados e excludentes em função dos preços cobrados em sua inscrição (Aguiar, 2001).

É nítido o cunho político-institucional que começa a tornar os Congressos Brasileiros de Psicodrama em palco de decisões importantes para o movimento psicodramático.

A partir desse encontro, os congressos passaram a ter um espaço político oficializado por meio da criação de atividades específicas para esse fim.

A comissão organizadora avaliou o IV CBP do seguinte modo: "Se caracterizou pelo clima descontraído, com tensões adequadamente canalizadas, denotando o grau de amadurecimento do movimento psicodramático brasileiro, que superou sua fase crítica e agora se prepara para novos rumos".

V CBP – maio de 1986 – Caldas Novas, GO

O ano que antecedeu esse congresso marcou o fim do regime militar e a eleição direta para presidente da República com a escolha de Tancredo Neves, que faleceu antes de tomar posse, dando início ao governo Sarney.

O território brasileiro podia se abrir à prática sociopsicodramática. Agora o psicodrama podia ir "onde o povo está".

Na tentativa de combater a inflação o Governo implantou os Planos Cruzado I e II, que criaram um forte impacto na sociedade com o congelamento de preços. Nessa conjuntura a democracia tentava se fortificar com a convocação da Assembléia Constituinte de 1986.

São passados dez anos de fundação da Febrap! Comemorar os dez anos de existência deixou os psicodramatistas orgulhosos a respeito do que tinha sido construído até então.

O V CBP se instaura nesse contexto aliado ao desejo cada vez mais intenso de concretizar o projeto socionômico de Moreno.

"Foram anos de luta intensa! A disponibilidade para o novo e a capacidade de jogar tornou possível congregar pensamentos e propostas às vezes diversos em termos de ideologia e de prática" (Amaral, 1986). Sob a presidência de Alfredo Di

Giovannantonio, tendo como co-organizadoras 22 federadas, o tema *A construção da teoria como conquista científica da prática psicodramática* retratava a preocupação com os fundamentos teóricos do psicodrama. A luta no mercado profissional era mostrar que o psicodrama não era um teatrinho; era preciso dar fim aos trabalhos com pouco conteúdo científico, acabar com o psicodrama como técnica e prevalecer o psicodrama como método (Amaral, 1986).

Nas mesas-redondas foram tematizados: *O psicodrama de Moreno hoje*, *A posição dos psicodramatistas no momento atual brasileiro* e *A abrangência social do psicodrama no Brasil*. Foram momentos de reflexões e discussões sobre os aspectos teóricos de Moreno, sobre a necessidade de ter ou não outros aportes teóricos, sobre a utilização adequada das palavras psicodrama e sociodrama, chegando-se à conclusão de que era fundamental um estudo profundo sobre as propostas morenianas.

Em sua avaliação final, Amaral (1986) concluiu que "o tema do congresso, privilegiando os aspectos teóricos, mostrou que estivemos no caminho certo. Não existem dúvidas acerca da qualidade do trabalho desenvolvido".

VI CBP – setembro de 1988 – Salvador, BA

Como resultado de grande movimento político e social, foi promulgada a 8ª Constituição Brasileira, na qual se encontra o art. 196, que conceitua: "Saúde é direito de todos e dever do Estado (...)" , definindo-se de maneira clara a universalidade da cobertura do Sistema Único de Saúde.

O VI CBP marcou a história dos congressos não só por todos os acontecimentos políticos e institucionais que ocorreram na época, mas principalmente por ter sido a primeira vez em que as mulheres assumiam as funções de poder: Maria Luiza Soliani, presidente da Febrap, e Maria Eugênia S. Nery, presidente do congresso.

É importante também considerarmos que, de modo audacioso, a Febrap chegava à região Nordeste, instalando sua sede em Salvador no período de 1987 e 1988. O tema definido pela comissão organizadora, apoiado pelas 26 federadas, *Psicodrama: matriz, diferenciação, projeto*, foi a base para a apresentação e publicação das 64 atividades científicas. Nas mesas-redondas *O movimento psicodramático brasileiro – 20 anos* e *Caminhos e descaminhos do poder no psicodrama no Brasil*, observamos concretizados os espaços que foram suscitados no congresso anterior para as discussões políticas. Foi um congresso marcante por causa do enfrentamento das forças de poder, no qual se questionava o papel de representação dos integrantes do Conselho Normativo e Fiscal e as funções desse conselho. Foi um dos momentos definitivos para o fim do modelo fiscalizador no funcionamento institucional da Febrap.

Os congressos da década de 1990

No início da década de 1990, apesar de termos eleito um presidente pelo voto direto, vivíamos uma espécie de ditadura econômica: assim que o presidente Collor assumiu, a equipe econômica dirigida pela ministra Zélia Cardoso de Mello anunciou o Plano Collor que, dentre outras medidas, determinou o confisco da poupança bancária dos brasileiros.

Foi promulgada, em setembro de 1990, a Lei Orgânica da Saúde, a qual criou o Sistema Único de Saúde (SUS), viabilizando o acesso da população (sem restrições) ao atendimento público de saúde.

A década de 1990 foi marcante para a Febrap por ter sido um período no qual passou por uma redefinição em sua estrutura organizacional: fim do Conselho Normativo e Fiscal e criação da Câmara de Ensino e Ética, além do agrupamento das federadas em Regionais.

VII CBP – junho de 1990 – Rio de Janeiro, RJ

O VII CBP, sob a presidência de Carlos José Rubini e a colaboração de 23 federadas, contou com 55 trabalhos científicos.

No programa oficial, Rubini (1990) propunha "um encontro estimulante e profícuo intercâmbio de idéias, reflexões, experiências e vivências a respeito de nossa prática psicodramática... num clima afetivo de coexistência e respeito às diferenças".

O VII congresso aconteceu, em junho de 1990, no Rio de Janeiro: uma cidade por si só maravilhosa, com características de beira-mar, povo alegre, descontraído e acolhedor. O tema vinha ao encontro do clima carioca, *Psicodramatizando*, e o convite para as atividades sociais tinha como tema *Pintando o sétimo*. Parece-nos que não poderiam ter escolhido lugar melhor para receber esse congresso, pois a Febrap passava por um momento de intensa reflexão sobre sua estrutura organizacional, crise denunciada no congresso anterior, ocorrido em Salvador.

A estrutura da federação estava severamente ameaçada, mas ainda não se tinha idéia para onde ir. O cenário econômico, com o confisco das poupanças e a mudança da moeda, trazia certo receio para a realização do congresso, uma vez que o povo brasileiro tinha dificuldade em reaver suas economias e, conseqüentemente, dificuldade em custear sua ida ao Rio de

Janeiro. Dentre as atividades científicas, a mesa-redonda sob o título *A questão do poder na teoria psicodramática* possibilitou um espaço de canalização das tensões e uma discussão produtiva sobre o momento vivenciado, demonstrando um modo amadurecido com o qual o movimento psicodramático estava aprendendo a lidar com a diversidade (Rubini, 1990).

VIII CBP – outubro de 1992 – São Paulo, SP

Mobilizados por forte campanha de mídia, milhares de jovens criaram o Movimento dos Caras-Pintadas – manifestação realizada em quase todos os grandes centros do país com o intuito de pressionar deputados e senadores a favor do *impeachment* do presidente Fernando Collor de Mello (Vicentino, 2001), objetivo que foi conquistado em fins de 1992, quando assumiu o vice-presidente Itamar Franco, em caráter definitivo, a chefia do Executivo nacional.

Com o estabelecimento da regionalização – agrupamento das federadas por proximidade regional, com um sistema de representação por regional e constituição da Câmara de Ensino e Ética –, a Febrap fortaleceu suas bases e encontrava-se muito atenta para as diversidades com que se apresentava o psicodrama no Brasil.

Esse congresso determinou uma ruptura nos padrões até então adotados pelas comissões organizadoras anteriores: o cenário deixava de ser os hotéis com excelente infra-estrutura para ser uma escola na cidade de São Paulo. Uma tentativa em vão (pois ele em seguida volta para os hotéis) de adequar o preço das inscrições a uma realidade nacional de crise acentuada na economia, além de atender a uma questão antiga: deselitizar e descentralizar o psicodrama.

De acordo com a presidente Maria Rita Seixas, o tema *A pluralidade do psicodrama brasileiro – psicodrama clínico e aplicado* marca uma etapa do nosso movimento psicodramático, que é a aceitação das diferenciações decorrentes da evolução. Foi um congresso que confirmou a grandiosidade da produção científica dos psicodramatistas brasileiros, pois, apesar de não ter tido aumento no número de federadas (23), o número de trabalhos apresentados foi significantemente superior aos dos dois últimos congressos: 209. Segundo Seixas (1992), esse congresso foi organizado por uma equipe constituída por várias instituições de São Paulo, o que demonstrava sem dúvida alguma o momento de transformação democrática das federadas do movimento psicodramático.

IX CBP – novembro de 1994 – Águas de São Pedro, SP

No governo Itamar Franco, após sucessivas trocas monetárias (Réis, Cruzeiro, Cruzeiro Novo, Cruzado, Cruzado Novo, novamente Cruzeiro e Cruzeiro Real), o Brasil mais uma vez adotou uma nova moeda: o Real. Com ela, o país experimentou estabilidade econômica e crescimento com o Plano Real, que estabelecia paridade da moeda brasileira ao dólar.

Os bons fluidos refletiam-se também no movimento psicodramático, o qual se concentrava cada vez mais em sua produção científica.

Com o tema *Quem sobreviverá? Crise e criação*, o IX CBP, sob a presidência de Oswaldo Politano Junior, teve em sua programação 177 atividades científicas, com a participação de 28 federadas.

Provavelmente, em virtude das mudanças nas normas de funcionamento dos cursos de formação, as atividades científicas para credenciamento de professores-supervisores foram excluídas a partir desse congresso.

X CBP – novembro de 1996 – Rio Quente, GO

Quando da realização do X CBP, o Brasil era presidido por Fernando Henrique Cardoso, que na época da implantação do Plano Real era Ministro da Fazenda.

O X Congresso Brasileiro de Psicodrama ocorreu de 6 a 10 de novembro de 1996, na Pousada do Rio Quente, em Goiás, onde estiveram presentes 650 congressistas brasileiros e vários estrangeiros, os quais, a partir do tema *Ato criador, ciência e a construção do homem*, participaram de 192 trabalhos disponíveis na programação científica.

Algumas novidades marcaram esse congresso, como a realização da noite de autógrafos, que passaria a ser parte dos congressos futuros, e a atividade *Sociodrama para os familiares*, que objetivou criar a integração dos acompanhantes dos congressistas.

Sobre o X CBP, a presidente Wilma Silveira Bueno (1996) afirmou: "Foi realmente um Ato Criador, tendo em vista as novas respostas constantemente dadas às mais diferentes situações e ainda a certeza de que, terminado o evento, resta-nos muito a ser digerido, elaborado e sobretudo transformado".

XI CBP – novembro de 1998 – Campos de Jordão, SP

A política de estabilidade e de continuidade do Plano Real, principal apelo da campanha eleitoral, nos fez reeleger FHC no pleito do primeiro turno.

A Febrap encontrava-se em seu melhor momento político-administrativo, vendo seus objetivos alcançados com a associação de 40 instituições, um número muito significativo em um país em constante crise econômica. No discurso de abertura, Marra (1998) fez uma referência às mudanças na estrutura da Febrap: "Deixamos de ser fiscalizadores e buscamos uma adequação institucional de acordo com a nossa realidade. (...) tentamos estabelecer uma relação de transparência com cada federada e construir, na regional, a ponte necessária entre a atual diretoria e o psicodramatista".

O XI congresso, ocorrido de 4 a 7 de novembro de 1998, foi um dos mais grandiosos de nossa história. Trouxe em sua estrutura, além de muitas novidades, alguns fatos históricos importantes e nos permitiu mostrar a força do movimento psicodramático brasileiro e dos latino-americanos. Sim, porque o IV Encontro Latino-Americano de Psicodrama ocorreu junto com o XI CBP, em Campos de Jordão, SP. A comissão organizadora inicialmente ficou sob a responsabilidade de Manoel Dias Reis, que, por motivos particulares, solicitou seu afastamento, assumindo definitivamente a então coordenadora da Comissão Científica, Maria Eveline Cascardo Ramos. Sob sua presidência, esse congresso obteve a capacidade de maior mobilização de público, viabilizando a participação de 980 congressistas, dentre eles psicodramatistas brasileiros e de 12 países da América Latina: Argentina, Bolívia, Colômbia, Chile, Equador, Guiana, Venezuela, México, Paraguai, Peru, Suriname e Uruguai.

Foi a primeira vez que se realizou um pré-congresso e, para essa estréia, a comissão organizadora convidou ninguém menos que Zerka Moreno. Outro fato histórico foi a conferência de abertura, com o reencontro dos psicodramatistas com seus antigos mestres: Iris Soares Azevedo, Antonio Carlos Cezarino, Pierre Weil, Dalmiro Bustos, Zerka Moreno, Maria Alicia Romaña e Anne Ancelin, cuja presença se deu por meio de um depoimento gravado em Londres.

Com o tema *Atualizando a cena*, o congresso propunha que "(...) presentificar a cena é olhar de perto, verificar quem somos, é preparar nossa federação para o ano 2000. Portanto, é um diagnóstico e deve ser considerado um material disparador" (Marra, 1998).

Nesse congresso houve o lançamento do Prêmio Febrap para os melhores Escritos Psicodramáticos, que tinha como um dos objetivos incentivar a conclusão oficial do curso de formação e a produção científica escrita dos psicodramatistas (Reis, 1977).

Outro acontecimento inédito foi um sociodrama, dirigido por Ana Maria Zampieri, realizado em uma escola da cidade junto com a comunidade, que levou o congresso para além do espaço físico do hotel (Marra, 1998). Ali foi lançada a semente que iria dar frutos dez anos depois com a criação da atividade Comunidade em Cena durante os congressos.

Em sua fala final sobre o congresso, Marra afirma que "os anos mil e novecentos se despedem do Congresso Brasileiro de Psicodrama, deixando a certeza de que muito construímos e que juntos estaremos em breve, novamente e sempre, ATUALIZANDO A CENA!"

Os congressos dos anos 2000

Um período de transição: fim de um século. Chegada de um novo milênio. Muito curiosa foi a *chegada* do ano 2000.

Apesar dos esforços de alguns para mostrar que o novo século e o novo milênio somente se iniciariam em 2001, a maior parte da mídia fez o povo acreditar que a "grande virada" seria na passagem de 1999 para 2000 (Silvestre, 1999). Tivemos naquele ano uma grande expectativa com o *bug do milênio* – os computadores não funcionariam mais, pois estavam programados somente até 1999, e isso acarretaria um caos em todo o mundo informatizado (Brain, 2000).

Chaves (2000), em seu artigo "O século XXI começa no ano 2001", comentou que o *bug do milênio* seria "muito mais severo em seu aspecto humano do que em seu aspecto maquínico". Idéia de certa forma corroborada por Jaguaribe (2001), em sua análise, dizendo que "o século XX defrontou com o desenvolvimento das Ciências Sociais e da Psicologia, a reunificação do mundo pela globalização, as inovações científicas: átomo, molécula, biologia celular; e uma nova visão unificada. No início do século XXI, o mundo se vê às voltas com uma nova ordem mundial, a degradação da biosfera, a redução das diferenças entre o Norte e o Sul; o desenvolvimento extremo da tecnologia e a funcionalização do homem – a era do homem descartável".

Em nosso país as crises se mantinham. O movimento psicodramático elegeu a chapa *Modernização* para a gestão 1999–2000, o que apontava uma *nova era* também para a federação: uma visão organizacional.

Nesse período a Febrap comemorou suas Bodas de Prata e "testemunhou a contribuição dos que formaram as novas gerações de psicodramatistas. E continuará construindo a história da atualidade com seus novos referenciais de um psicodrama pronto a atender aos desafios que a *realidade vem* continuamente impondo à nossa sociedade" (Fleury, 2001).

XII CBP – novembro de 2000 – Águas de São Pedro, SP

A gestão de Heloisa Fleury trouxe uma visão moderna, atualizada e informatizada ao modo gerencial da Febrap. Com o tema *Parcerias, resgates e resolutividade*, o XII CBP se insere nesse contexto de atualidades. A comissão organizadora explicitou no regimento interno que o congresso foi organizado com o pensamento de privilegiar a chamada RESOLUTIVIDADE, referindo-se à busca de maior eficácia do processo terapêutico e aplicado, o RESGATE de elementos essenciais do psicodrama e da formação e PARCERIAS do verdadeiro trabalho em grupo.

O XII Congresso Brasileiro de Psicodrama ocorreu em Águas de São Pedro, em São Paulo, de 8 a 11 de novembro de 2000. A comissão organizadora foi presidida por Carmita Helena Najjar Abdo, que surpreendeu todos os 848 congressistas com uma maravilhosa recepção realizada por belíssimos rapazes. Com a colaboração das 41 federadas ocorreram no XII CBP a apresentação de 203 atividades científicas e o concurso do II Prêmio Febrap de melhores Escritos Psicodramáticos. Na apresentação da programação oficial podemos constatar, nas palavras de Fleury (2000), como se encontrava o movimento psicodramático na época: "A diversidade de temas e intervenções psicossociais, apresentada nesse evento, atesta a expansão que os psicodramatistas têm trazido às fronteiras do psicodrama, dando visibilidade para o potencial transformador da metodologia psicodramática nas organizações, nas instituições, na clínica e na educação" (Fleury, 2000).

XIII CBP – maio de 2002 – Costa de Sauípe, BA

O movimento psicodramático alcançava seu ápice com 48 instituições federadas além de ter vivido pela primeira vez uma reeleição – a de Heloisa Fleury. Nessa gestão, o congresso retornou ao Nordeste, após 14 anos, e foi realizado na Bahia, no Hotel Sofitel, em Costa do Sauípe, sob a presidência de Waldeck D'Almeida, de 29 de maio a 1 de junho de 2002.

Apesar de a comissão organizadora ter programado o XIII CBP com a intenção de transcender as barreiras corporativistas regionais, grupais (D'Almeida, 2002), o local escolhido não colaborou com essa proposta: havia distinção entre congressistas que se hospedavam em um ou em outro lugar, identificados por uma pulseira colorida, a qual impossibilitava o livre acesso deles a várias atividades sociais. A comissão organizadora buscou alguns referenciais para a realização desse congresso, como estimular reflexões fecundas sobre as *Raízes* do movimento psicodramático no Brasil e no mundo, identificar as *Transformações* que testemunhamos no passado recente e debater as *Perspectivas* que se abrem para o psicodramatista na contemporaneidade.

As duzentas atividades científicas, dentre elas o III Prêmio Febrap de melhores Escritos Psicodramáticos, contemplaram colegas já consagrados e aqueles que, emergindo no cenário nacional, nos brindaram com suas contribuições (D'Almeida, 2001). Os trabalhos que foram selecionados durante os Encontros Regionais realizados em 2001 também fizeram parte da programação científica do XIII CBP.

Esse congresso deixou uma profunda reflexão sobre a exclusão causada pela inviabilidade financeira de grande parte de nossos psicodramatistas, repetindo o modelo elitizado da sociedade.

XIV CBP – junho de 2004 – Belo Horizonte, MG

O XIV Congresso Brasileiro de Psicodrama foi realizado no Estado de Minas Gerais, de 9 a 12 de junho de 2004, em Belo Horizonte, com o tema: *Sociedade brasileira em cena. A ação transformadora do psicodrama.*

Minas Gerais foi um dos berços do psicodrama no Brasil, com os trabalhos realizados por Pierre Weil, Anne Ancelin Schützenberger e Lea Porto. Assim, Baptista (2004) afirmava que "em 2004, gostaríamos de oferecer a esta mesma comunidade a produção científica e avanços do psicodrama brasileiro ao longo desses anos".

A proposta central desse grande evento foi colocar o psicodrama a serviço da comunidade de Belo Horizonte como protagonista da sociedade brasileira, sendo foco de atenção para uma intervenção sociopsicodramática (Baptista, 2004). E foi mesmo assim, pois, de modo inédito, as atividades científicas romperam o espaço delimitado do congresso e foram para as ruas, instituições, praças, enfim, para o cerne da sociedade mineira, que pôde viver, experimentar, assistir, observar o que o psicodrama estava oferecendo para aquela comunidade.

Sem dúvida, uma atividade que marcou a história dos congressos e que teve continuidade nos demais Congressos Brasileiros de Psicodrama: *A comunidade em cena.*

Coordenando a comissão científica, Brandão (2004) afirmava: "Temos um psicodrama com a nossa cara, um jeito de trabalhar que se pode chamar de brasileiro. Queremos mostrá-lo."

Como vimos, em 2001 os Encontros das Regionais da Febrap conquistaram espaço no XIII CBP; na época, solicitaram que os Encontros Nacionais de Professores e Supervisores fossem agendados no período que antecedesse os congressos.

Essa solicitação foi atendida no XIV CBP e ocorreu também no XV CBP. Nesse contexto, a Diretoria de Ensino e Ciência da Febrap, sob a coordenação de Stela Fava, organizou o pré-congresso: VII Encontro Nacional de Professores e Supervisores e o V Encontro Nacional de Coordenadores de Ensino, com o tema *Psicodramatistas em cena: articulações entre formação e pesquisa-ação transformadora*, cujo objetivo foi "facilitar o desenho de novas articulações entre formação e pesquisa, permitindo que cada psicodramatista formador possa refletir e desenvolver novas idéias sobre pesquisa-ação" (Fava, 2004).

O XIV CBP contou com a colaboração de 47 federadas em sua co-construção e ofereceu 196 atividades científicas, inclusive a IV Edição do Prêmio Febrap, para os 862 congressistas presentes. Na cerimônia de abertura foi feita uma homenagem aos iniciadores do psicodrama mineiro, com a presença especial de Pierre Weil. Nas palavras das presidentes Echenique e Baptista, respectivamente da Febrap e do XIV CBP: "Acreditamos ser mais do que oportuna a proposta deste congresso, que tem como objetivo evidenciar o projeto socionômico, intervindo neste momento" (2004).

XV CBP – novembro de 2006 – São Paulo, SP

No ano de 2006 tivemos muitos acontecimentos socioeconômicos e políticos bastante intensos: guerras, Copa do Mundo, o PC em São Paulo, ano de eleições que culminam com a reeleição do presidente Lula e de uma Câmara de Deputados bastante preocupante...

Por longo período, a Febrap mobilizou toda a comunidade psicodramática em prol do megaevento: XVI Congresso Internacional de Psicoterapia de Grupo, em parceria com a IAGP. Um congresso internacional organizado por comitê brasileiro em um país em desenvolvimento, com um cenário nacional de crescente índice de violência, era realmente um grande desafio. Esse evento ocorreu em julho de 2006 e teve alto índice de aprovação internacional, pela organização e excelência dos trabalhos selecionados.

Com isso, o contexto que se apresentava não era indicativo para a realização de mais um congresso no mesmo ano. Então a idéia foi fazer um evento comemorativo dos 30 anos da Febrap: *Atos e fatos do psicodrama no Brasil. Febrap 30 anos* – uma mostra em painéis da trajetória de cada federada e de suas realizações. Em reunião do Fórum Gestor, a decisão de realizar o XV CBP foi unânime entre os representantes das federadas. Assim foi feito, mas não foi o bastante.

Passarei a narrar em primeira pessoa, uma vez que fiquei à frente desse desafio e presidi o XV CBP, com o apoio das 38 federadas e uma equipe de 61 psicodramatistas de todas as regiões do país, que se prontificaram e uniram forças para essa construção. Apesar de todos os receios e inseguranças quanto ao público, quanto à recepção de trabalhos científicos, quanto à sustentabilidade financeira do evento, a diretoria executiva acreditou na possibilidade de sua realização.

O XV CBP foi realizado de 1 a 4 de novembro de 2006, na Universidade Paulista (Unip), na cidade de São Paulo, resgatando a simplicidade, a objetividade, a cientificidade e o espírito acadêmico, em um momento em que o movimento estava centrado na formação dos professores de psicodrama por meio do projeto de educação continuada. Foi um congresso informal, como nos sugere o ambiente universitário, e, como tal, rico e profundo em sua cientificidade.

Com a proposta de comemoração dos 30 anos da institucionalização do movimento psicodramático brasileiro, o tema

Percurso e perspectiva do psicodrama no Brasil. Febrap 30 anos pretendia um momento de reflexão histórica, de (re)avaliação do caminho percorrido, mas propunha sobretudo a valorização, aprofundamento e fortalecimento das realizações atuais, "pois sabemos que estes passos nos levarão às futuras investigações e a co-construções das perspectivas que pretendemos estabelecer no cenário nacional e internacional" (Tostes, 2006).

O XV CBP concretizou e legitimou os 30 anos da Febrap com a força, união, desejo dos psicodramatistas brasileiros, e mais intensamente do movimento psicodramático institucionalizado, que proporcionou, em meio a um contexto difícil, a 717 congressistas desfrutarem das 221 atividades científicas.

Mezher (2006), coordenador da Comissão Científica, concluiu que "nas circunstâncias históricas desse congresso ele foi satisfatório, suplantando mesmo as expectativas pregressas", e continua: "A estratégia de estruturar um congresso diferente daquele do IAGP, foi bem sucedida". O XV distinguiu-se pela oferta do VIII Encontro de Professores de Psicodrama e do VI Encontro de Coordenadores de Ensino, com o tema *Articulando formação, pesquisa e serviços à comunidade: elaboração de propostas de e para as federadas*, pelas atividades da Comunidade em Cena; pela IV edição do Prêmio de melhores Escritos Psicodramáticos, pelo clima informal e aberto, inclusive a universitários, condição propícia à iniciação e troca de experiências e conhecimentos, pela presença de muitos debutantes nas várias categorias de atividades, pela ausência de conferências. No discurso de abertura fiz o seguinte pronunciamento: "Este é um congresso construído pelo desejo do psicodramatista brasileiro, que valorizou seu espaço de inclusão em nível internacional com o congresso da IAGP, mas que não abriu mão de compartilhar seu fazer psicodramático com a comunidade brasileira; fazer este fruto da interação com as pessoas, instituições, organizações que constituem esta nossa sociedade" (Tostes, 2006).

A realização do XV Congresso Brasileiro de Psicodrama em novembro de 2006, logo após a realização do XVI Congresso Internacional de Psicoterapia de Grupo, ocorrido em julho desse mesmo ano, revela a capacidade organizacional adquirida pela Febrap ao longo dos tempos na promoção de eventos como esses; demonstra a grandeza e o fortalecimento do movimento psicodramático brasileiro e o poder que a federação tem de ir onde quer que seja levando o nome do psicodrama.

CONSIDERAÇÕES FINAIS

Os congressos realizados nesses 31 anos de existência da Febrap mostram nitidamente o desenvolvimento e o crescimento do movimento psicodramático brasileiro por meio da quantidade de trabalhos e atividades científicas, do número de participantes e de instituições que foram sendo filiadas à Febrap. Além disso, observamos o desenvolvimento científico tanto no que diz respeito aos aspectos teórico-práticos quanto à ampliação das áreas de atuação.

A população que sustenta e incrementa os congressos de psicodrama é de psicodramatistas e de alunos em formação em suas federadas, sendo ainda pequena a participação de estudantes universitários e de profissionais não-psicodramatistas.

De modo geral, os congressos que se realizaram nos anos 1980 apresentaram algumas características em comum: refletiram os anseios do movimento psicodramático, ainda frágil, de fortalecer a imagem institucional da Febrap, estabeleceram espaços de discussão política, o que favoreceu em muito o sistema gerencial adotado pela Febrap desde sua fundação – o de representatividade –, desenvolveu nos psicodramatistas um sentimento de co-responsabilidade social que os levou a inquietações no sentido de transpor as paredes dos consultórios e a ampliar suas ações para além destes, foram plantadas as sementes para abertura e valorização de novos atores, havia uma preocupação com os aspectos teóricos do método psicodramático de modo a instituir características de cientificidade ao psicodrama que era praticado em nosso território.

Os congressos da década de 1990 são reveladores da enorme produção teórica dos psicodramatistas brasileiros. Além disto, o crescente aumento do número de federadas participantes em cada congresso mostrou a amplitude que o psicodrama tomou, nesse período, dentro do próprio território nacional: iniciamos a década com 23 federadas e terminamos com 40 instituições promotoras e divulgadoras do psicodrama, de norte a sul deste país. A participação da Febrap como co-organizadora em eventos internacionais foi o início de uma trajetória na qual a produção científica brasileira se expressou em territórios internacionais.

É possível observar, também, que os debates políticos encontraram seu fórum de discussão em outros espaços, uma vez que, nessa década, os temas voltados a esse fim não eram mais encontrados nas atividades científicas. Contudo, os congressos continuaram sendo palco de uma movimentação e até de uma campanha mobilizadora para os processos de sucessão da Febrap.

É de fundamental importância reforçarmos a necessidade de descentralização desses eventos, visto que mais de 50 por cento deles ocorreram no Estado de São Paulo, bem como, conseguir despertar o interesse por parte de empresas patrocinadoras. Por outro lado, é um mérito dos CBP o desenvolvimento de quase todos os projetos de autofinanciamento, com exceção de alguns apoios conseguidos com o Ministério da Saúde e da Editora Ágora.

As dimensões alcançadas nos anos 2000, com a realização de dois grandes congressos no ano de 2006, vieram a reforçar a capacidade de organização de eventos que a Febrap vem adquirindo, inclusive transformando esses eventos em importante fonte de renda para sua sustentabilidade financeira.

Um desafio que se apresenta às futuras gestões, para a inserção ainda maior da Febrap no cenário psicodramático internacional, será a realização de um congresso internacional de psicodrama no Brasil.

Ao movimento psicodramático brasileiro vale uma importante reflexão no sentido de fazermos dos Congressos Brasileiros de Psicodrama não mais palco de discussões político-administrativas internas, mas, sim, um espaço acolhedor para que as questões que mobilizam a sociedade de modo geral possam ser contempladas. E, dessa forma, continuarmos a seguir o mestre.

QUADRO - RESUMO DOS CONGRESSOS

Evento	Presidente da FEBRAP	Presidente do Congresso	Data	Local	Tema	Coordenador Com. Científica	Nº de trabalhos (registrados)	Federadas	Participantes
1º CBP	Içami Tiba	Içami Tiba	24 à 28/05/1978	Serra Negra, SP	sem tema	Victor Dias	35	14	306
2º CBP	Flávio Pinto	Flávio Pinto	04 à 08/06/1980	Canela, RS	O Papel Social do Psicodrama	José Diefenthaeler	74	16	398
3º CBP	Ismael Zanardini	Ismael Zanardini	08 à 12/10/1982	Caiobá, PR	Evolução do Psicodrama no Brasil	Gentila Fermina Carneiro	59	24	*
IV CBP*	José Carlos Landini	Luís Falivene	13 à 16/06/1984	Águas de Lindóia,SP	sem tema	Victor Dias	80	21	*
5º CBP	Geraldo Amaral	Alfredo Di Giovannantonio	15 à 20/05/1986	Caldas Novas, GO	A Construção da Teoria como Conquista Científica da Prática Psicodramática	Paulo Maurício de Oliveira	194	22	*
6º CBP	Maria Luiza Soliane	Maria Eugênia Nery	11 à 15/09/1988	Salvador, BA	Psicodrama: Matriz, Diferenciação, Projeto	Paulo Sérgio Amado	64	26	*
7º CBP	Alexandre Bhering	Carlos José Rubini	07 à 11/06/1990	Rio de Janeiro, RJ	Psicodramatizando	Alexandre Bhering	156	23	*
8º CBP	Geraldo Massaro	Maria Rita Seixas D'Angelo	10 à 14/10/1992	São Paulo, SP	A Pluralidade do Psicodrama no Brasil – Psicodrama Clínico e Aplicado	Ana Maria Zampieri	209	23	*
9º CBP	Luiz Amadeu Bragante	Oswaldo Politano Jr.	02 à 06/11/1994	Águas de São Pedro, SP	Quem sobreviverá? – Crise e Criação	Luís Falivene	177	28	650
10º CBP	Oswaldo Politano Jr.	Wilma Silveira Bueno	06 à 10/11/1996	Rio Quente, GO	Ave creator! Ato criador, Ciência e a Construção do Homem	Manoel Dias Reis	*	28	*
11º CBP	Marlene Marra	Maria Eveline Cascardo	04 à 07/11/1998	Campos do Jordão, SP	Atualizando a Cena	Eliana Lazzarini	246	40	980
XII CBP*	Heloisa Fleury	Carmita Abdo	08 à 12/11/2000	Águas de São Pedro, SP	Parcerias, Resgates, Resolutividade	Madalena Rehder	203	41	848
XIII CBP*	Heloisa Fleury	Waldeck D'Almeida	29/05 à 01/06/2002	Costa do Sauípe, BA	Raízes, Transformações, Perspectivas	Rosana Rebouças	200	48	*
XIV CBP*	Marta Echenique	Maria Cecília V.Dias Baptista	09 à 12/06/2004	Belo Horizonte, MG	Sociedade Brasileira em Cena. A ação transformadora do Psicodrama.	Nice Brandão	285	44	862
XV CBP*	Maria Cecília V. Dias Baptista	Lilian Rodrigues Tostes	01 à 04/11/2006	São Paulo, SP	Percurso e Perspectivas do Psicodrama no Brasil – Febrap 30 anos...	Aníbal Mezher	221	38	717

*Mantivemos a forma definida para cada evento

* Não foram encontrados registros com estes dados

Referências bibliográficas e fontes de consultas

AGUIAR, M. "Estratégias do futuro". In: *Jornal em Cena*, São Paulo, ano 18, n. 1, jan./jul. 2001.

ALMEIDA, W. C. "Editorial". In: *Revista Brasileira de Psicodrama*. São Paulo, v. 2, fasc. 1, 1994.

AMARAL, G. "Desenvolvimento atual das técnicas grupais e suas aplicações nas diversas instituições". In: *Jornal da Febrap*. São Paulo, ano 3, n. 5, dez. 1986.

BAPTISTA, M. C. V. D. "Palavras da Presidente". In: *Programa Oficial do XIV CBP*, 2004.

BELISÁRIO, S. A. Congressos da Abrasco: expressão de um espaço construído. In: Lima, N. T.; Santana, J. P. *Saúde coletiva como compromisso. A trajetória da Abrasco*. Rio de Janeiro: Fio Cruz/Abrasco, 2006.

BORBA, C. "Relembrar e avaliar". In: *Jornal em Cena*, São Paulo, ano 18, n. 1, jan./jul. 2001.

BRAIN, M. "O Bug do século". Disponível em: www.informatica. hsw.uol.com.br (último acesso em 5 de mar. 2008)

BUENO, W. S. "10ª Congresso Brasileiro de Psicodrama) 1996". In: *Jornal da Febrap*, São Paulo, ano 14, n. 1, jan./fev./mar., 1997.

CHAVES, J. "O século XXI começa no ano 2001".Disponível em: www.pessoas.hsw.uol.com.br (último acesso em 5 mar. 2008)

D'ALMEIDA,W. V. "Dito e feito". In: *Jornal em Cena*, São Paulo, ano 18, n. 1, jan./jul., 2001.

FERREIRA, A. B. de H. *Dicionário Aurélio Básico da Língua Portuguesa*. Rio de Janeiro: Nova Fronteira, 1986.

FLEURY, H. Programa Oficial do XII CBP, 2000.

_____. "Dito e feito" – Encarte especial. In: *Jornal em Cena*, São Paulo, ano 16, n. 1, 2001.

LILIAN RODRIGUES TOSTES

JAGUARIBE, H. "A humanidade no século XXI". Disponível em: www.culturabrasil.pro.br (último acesso em 5 mar. 2008)

MACHADO, L. Z. "Apresentação". In: *Revista da Febrap* (Edição especial), São Paulo, ano 1, n. 2, 1978.

MARRA, M. M. "Reflexão no final do século". In: *Jornal em Cena*, São Paulo, ano 15, n. 2, 1998.

_____. "Discurso da Presidente". In: *Anais do 11º CBP*, 1998.

MEZHER, A. "Fórum de Debates: Avaliação crítica e novos rumos do Psicodrama após 14 anos de Brasil". Artigo apresentado no IV CBP, 1984.

MOTTA, J. M. C. *A psicologia e o mundo do trabalho no Brasil – Relações, história e memória*. São Paulo: Ágora, 2006

REDHER, M. "A evolução dos grupos de formação em Psicodrama". Artigo apresentado no XIII CBP, 2002.

REIS, M. D. "Os bastidores do Congresso". In: *Jornal da Febrap*, São Paulo, ano 14, n. 3, abr./maio/jun., 1997.

RUBINI, C. J. "Apresentação". In: *Anais do 7º CBP*, 1990.

SEIXAS, M. R. "Fórum de Debates: Avaliação crítica e novos rumos do Psicodrama após 14 anos de Brasil". Artigo apresentado no IV CBP, 1984.

_____. "Apresentação". In: *Anais do 8º Congresso Brasileiro de Psicodrama*, 1992.

SILVESTRE, R. F. "A grande virada do século". Disponível em: www.informatica.hsw.uol.com.br (último acesso em 5 mar. 2008)

SOUZA, R. R. "O sistema público de saúde brasileiro". Ministério da Saúde – Brasil, 1990.

TIBA, I. "Minha vivência do Congresso". In: *Revista da Febrap*, ano 1, n. 2, 1978.

TOSTES, L. C. M. R. "Palavras da Presidente". In: *Programa Oficial do XV CBP*, 2006.

VICENTINO, C.; DORIGO, G. *História geral e do Brasil*. São Paulo: Scipione, 2001.

Outras fontes

Anais do 5º CBP
Anais do 6º CBP - vs. 1, 2 e 3
Anais do 7º CBP
Anais do 8º CBP
Anais do 11º CBP
Jornal da Febrap - Ano 3, n. 5, dez. 1986
Jornal em Cena - Ano 14, ns. 1 e 3, 1997
Jornal em Cena - Ano 15, ns. 2 e 4, 1998
Jornal Em Cena - Ano 16, n. 3, jul./dez. 1999
Jornal em Cena – Ano 16, n. 1, Encarte Especial
Publicações do II Congresso Brasileiro de Psicodrama – Canela, 1980.
Revista da Febrap – Ano 1, n. 3
Revista da Febrap – Ano 1, n. 1
Revista da Febrap - Ano 4, n. 1
Revista da Febrap - Ano 5, n. 1
Revista da Febrap - Ano 6, ns. 1 e 2
Revista da Febrap - Ano 7, ns. 1, 2, 3 e 4

Sites

www.febrap.org.br
www.bndes.gov.br/conhecimento/decada70
www.geocities.com/dac
www.opas.org.br/serviço/arquivo
http://ptwikipedia.org

Demais documentos

Folders e cartazes dos Congressos; estatutos, regimentos/ regulamentos internos e programas oficiais.

VIII

UMA HISTÓRIA DA *REVISTA BRASILEIRA DE PSICODRAMA*: A VIAGEM, COM PARTIDA, ALGUMAS PEQUENAS PARADAS E AS ESTAÇÕES FUTURAS

Devanir Merengué

Para produzir esse texto junto algumas motivações mais aparentes de psicodramatista leitor, escritor, editor atual da *Revista Brasileira de Psicodrama* e historiador improvisado. Evidentemente, o último papel traz um desconforto óbvio, na medida em que isso implica dar cabo em uma tarefa absolutamente nova. Escrever a história é algo por demais sério nas mãos de um amador como eu. A tentativa, no entanto, fica reticentemente autorizada por mim, ao compreender que a história, para além de documentos (no caso, produções científicas impressas), está inevitavelmente amarrada a um lugar, um papel específico, uma subjetividade que lastreia a pesquisa (Merengué, 2006) na tradição moreniana de incluir o pesquisador no que está sendo pesquisado.

A pesquisa, desse modo, não tem nenhuma isenção: estou inevitavelmente envolvido com a *Revista Brasileira de Psicodrama* (RBP) desde o primeiro número, como colaborador, leitor e, mais tarde, editor.

DEVANIR MERENGUÉ

A pesquisa, desse modo, não tem qualquer isenção: estou inevitavelmente envolvido com a *Revista Brasileira de Psicodrama* – RBP desde o primeiro número como colaborador, leitor e, mais tarde, editor.

A história há muito não se concentra apenas na oficialidade dos fatos e registros, mas busca em um conjunto amplíssimo de expressões de um tempo e um lugar (Burke, 2005), seu objeto de estudo. Nesse caso, no entanto, trata-se de dar algum sentido às publicações produzidas pela Federação Brasileira de Psicodrama, que, desde o seu nascedouro, teve a preocupação de registrar o percurso científico do psicodrama no Brasil.

Tendo em vista o curto fôlego desse meu projeto, escolhi analisar quatro editoriais e, furtivamente, a partir desses escritos, tentar dar algum sentido àquele volume da publicação. Escolhi para isso o primeiro volume da *Revista da Febrap* (ano 1, n. 1), editado por Laís Machado. Dois volumes do v. 2, fascículos 1 e 2, do ano de 1994, justamente o ano da retomada da RBP, editados por Wilson Castello de Almeida. Nesses três números percebo momentos seminais dos desdobramentos futuros. E, por fim, opto pelo último número da RBP (v. 15, n. 1, 2007), que supostamente daria alguma idéia da atual produção.

Estes recortes garantem a precariedade deste estudo, pois deixo de fora, quantitativamente, a maior parte da produção. Para não frustrar excessivamente o leitor, inventario, no final deste texto, em um Apêndice, toda a produção financiada pela Federação Brasileira de Psicodrama (menos boletins, jornais e anais de congressos).

A PARTIDA

O primeiro número da *Revista da Febrap* nitidamente oficializa o psicodrama instituído pela Federação Brasileira de Psicodrama, sem negar a trajetória psicodramática em território brasileiro desde a década de 1950. Laís Machado, em editorial inaugural, presentifica a riqueza do movimento psicodramático brasileiro da época, sendo a publicação uma possibilidade de contato entre a mesma federação e as entidades, mas também com os psicodramatistas brasileiros. O nome da revista traz a evidente importância dada à Febrap na época e a necessidade de garantir o feito da federação.

O número é belíssimo no que diz respeito à apresentação gráfica, já que foi produzida por artistas plásticos (ver Apêndice), revelando o desejo de entregar ao leitor um produto de alto padrão. Isso fica evidenciado no editorial.

São seis artigos de diversos autores e duas resenhas de livros de Moreno, ambos editados na Argentina. Os artigos indicam a diversidade de autores (de Alfredo Naffah Neto a Pierre Weil, com seus evidentes brilhos e diferenças) e assuntos (sonhos, adolescência, dialética...), de algum modo apontando para uma salutar tolerância e uma já (talvez?) precoce fragmentação.

O texto "Conselho estabelece normas para funcionamento de cursos" traz detalhamento do que deveriam ser as entidades formadoras de psicodrama no Brasil, assim como as disciplinas que deveriam ser ministradas nos cursos de formação, as horas de curso, de supervisão, de terapia para o aluno aprendiz. O texto é oficial, normatizador, instituinte e chamam a atenção as tais *contribuições ao psicodrama* (eram disciplinas que poderiam complementar o currículo básico do curso de formação). Não parece ser estranho para a época listar *antropologia, neurofisiologia, psicologia social, sociologia, teoria da comunicação, dinâmica de grupo, psicanálise, gestalt-terapia, behaviorismo, bioenergética etc.* como contribuições ao *currículo-padrão.* Haveria desde sempre no Brasil (e no mundo?) a idéia do psicodrama como um campo do saber necessitado de ajuda externa?

O fato é interessante por colocar o psicodrama de modo frágil teoricamente e, paradoxalmente, por encontrarmos de maneira histórica, e quase histérica, Moreno escrevendo sobre sua criação de modo bastante orgulhoso, desprezando outras áreas do saber. Seria, de fato, fraqueza teórica? Falta de compreensão dos psicodramatistas para com o próprio projeto moreniano? Insegurança humana que nos faz crentes de toda e qualquer suposta verdade *mais* aceita?

ALGUMAS PEQUENAS PARADAS

Na retomada da RBP, em 1994, mais de uma década e meia depois da publicação do primeiro volume da *Revista da Febrap*, o editorial de Wilson Castello de Almeida refere-se a alguns tópicos interessantes ao meu ponto de vista:

- a observação incrédula dos psicodramatistas quanto à mudança de nome da publicação (isso logo na primeira linha do editorial!);
- a recordação dos dois pequenos fascículos "primorosos e corajosos" no dizer do editorialista, tendo Moysés Aguiar à frente do heróico trabalho de levar adiante os últimos números da *Revista da Febrap*, assim como esses dois fascículos referidos (ano de 1990) da RBP;

UMA HISTÓRIA DA *REVISTA BRASILEIRA DE PSICODRAMA*: A VIAGEM...

- a efetivação do nome da revista científica – *Revista Brasileira de Psicodrama* –, estimulando a participação e o cumprimento das *instruções e normas para publicação*.

É nítida a criatividade do editor na construção das diversas seções, valendo-se de uma política ativa de *solicitações diretas* aos psicodramatistas sociometricamente próximos. Desse modo, lá estão uma *mesa-redonda* e um *artigo comentado* promovendo a troca entre diferentes pensamentos, além de uma inusitada *nota bibliográfica* para falar da vida produtiva daqueles psicodramatistas que se foram.

No editorial do fascículo 2 do mesmo ano, Castello agradece *as palavras de estímulo e elogios generosos* para com a RBP, que naquele momento (1994) retoma seu lugar no cenário psicodramático brasileiro.

Insiste mais uma vez nas *instruções para publicação*, com todas as letras grafadas em maiúscula, revelando a dificuldade do editor com o aparente descaso dos psicodramatistas escritores com as regras. Diz ele no mesmo editorial: "Não se trata de um capricho burocrático, mas tão-somente do mínimo ordenamento, sem o qual não temos condições de selecionar o melhor e assim manter o alto nível alcançado no fascículo anterior". Pressuponho que a tão propalada espontaneidade criadora atrapalhe o tal *mínimo ordenamento*.

Faço uma viagem no tempo até 2007 e, portanto, 13 anos após essa publicação, para o último número da RBP (v. 15, n. 1). No editorial escrito para a publicação aparece apenas a preocupação com o tema presente na *Seção Temática* (*Violência: cenas e sentidos*). Será que podemos nos orgulhar de uma produção científica que suporta tematizar um assunto e de termos material suficiente para cada número? Seria um amaduramento evidente do movimento psicodramático brasileiro no que diz respeito à pesquisa e à escrita? Isso faria do psicodramatista alguém menos espontâneo? Ou essa espontaneidade pode abarcar todas as áreas da vida, inclusive a produção escrita?

Paradoxalmente e como um nítido sinal dos tempos, no boletim eletrônico que a Febrap envia semanalmente aos psicodramatistas brasileiros, escrevo uma nota, algo desesperada, solicitando que os autores que pretendam enviar seus artigos para publicação na RBP leiam as instruções e normas expressas nas últimas páginas do periódico. Parece ser uma sina de editor.

O volume 15, número 1, tem em várias seções artigos sobre o tema *violência*, proposto pelo editor, e que, talvez, seja um tema protagônico, tal a quantidade de artigos recebidos. A RBP pode ser espelho de um momento social?

AS ESTAÇÕES FUTURAS

O que esperar da RBP? O que esperar da produção científica psicodramática brasileira?

Uma questão mais que atual a ser discutida nos próximos anos é o suporte do periódico: continuaremos no papel impresso? Muitas revistas científicas migram para a tela em um tempo em que o dinheiro anda escasso e o custo, bastante elevado para os padrões atuais e para o refinamento gráfico. Os leitores, por sua vez, fazem o mesmo percurso, sendo que para os mais jovens parece ser pouco doloroso ler na tela (com a evidente dúvida do que eles lêem e da quantidade de *páginas* lidas na tela).

Um grupo resiste bravamente à idéia de uma *revista eletrônica*, enquanto outro comemora efusivamente uma possível e futura chegada.

O problema surge em um momento absolutamente rico da produção escrita em psicodrama, nitidamente determinado pela aproximação de psicodramatistas à universidade, aos cursos de especialização ou a programas de mestrado e doutorado. Isso tem levantado questões do universo psicodramático até então escondidas em salas de consultórios, instituições e empresas. Seria esse um futuro interessante para o psicodrama? Uma prática rica posta em xeque pelo conhecimento acadêmico? Corre-se o risco de perdermos a espontaneidade apresentada no primeiro número da *Revista da Febrap*, cheio de entusiasmo juvenil com a crescente *academização* da atual produção? Ou sem isso não haverá sobrevivência?

Uma outra discussão de absoluta importância é: quem é o leitor da RBP? O que ele lê? Como lê? Os formadores em psicodrama lêem e usam esses textos nas aulas e supervisões?

Freqüentemente fico perplexo diante da mistura de crença e conhecimento a que se submetem as psicologias, de modo geral: não se separa estudo e pesquisa de simples achados em livros de auto-ajuda. O psicodrama, com sua tolerância teórica praticamente ilimitada, não passa longe desse fenômeno. Em nossos congressos e muitos artigos recebidos existe a tentação de ver o psicodrama como uma nau salvífica, que resgatará todos os desvalidos que se afogam nesse mar de mediocridade que passou a ser a pobre vida sociopolítica brasileira.

De qualquer modo, a produção escrita cresce em quantidade e esperamos que, com isso, cresça mais e mais a qualidade. Assim, a RBP será o que os psicodramatistas quiserem.

DEVANIR MERENGUÉ

REFERÊNCIAS BIBLIOGRÁFICAS

BURKE, P. *O que é história cultural?* Rio de Janeiro: Jorge Zahar, 2005.

MERENGUÉ, D. "Psicodrama e pesquisa científica". In: *Pesquisa qualitativa e psicodrama.* São Paulo: Ágora, 2006.

Foram utilizados os editoriais dos seguintes números da *Revista da Febrap* e da *Revista Brasileira de Psicodrama*:

CASTELLO DE ALMEIDA, W. "Editorial". In: *Revista Brasileira de Psicodrama,* São Paulo, v. 2, fascículo 1, 1994.

_____. "Editorial". In: *Revista Brasileira de Psicodrama,* São Paulo, v. 2, fascículo 2, 1994.

MACHADO, L. "Editorial". In: *Revista da Febrap,* São Paulo, ano 1, n. 1, s/d.

MERENGUÉ, D. "Editorial". In: *Revista Brasileira de Psicodrama*, São Paulo, v. 15, fascículo 1, 2007.

Agradeço aos ex-editores da *Revista da Febrap* e da *Revista Brasileira de Psicodrama* pelas conversas esclarecedoras. Um abraço caloroso a Moysés Aguiar (conversa presencial), Laís Machado (por telefone) e Flávio Pinto (texto enviado por e-mail). Um grande abraço também ao querido Wilson Castello de Almeida, que, em diversos momentos, contou histórias relativas à RBP.

Dedico este trabalho a todos os psicodramatistas que garantiram e garantem a existência da *Revista Brasileira de Psicodrama*.

UMA HISTÓRIA DA *REVISTA BRASILEIRA DE PSICODRAMA*: A VIAGEM...

APÊNDICE

O leitor encontrará aqui um inventário de publicação da *Revista da Febrap* e da *Revista Brasileira de Psicodrama*, com datas, locais onde foram publicados, nomes de editores e outros nomes envolvidos na produção de cada número. Procurei também anotar as informações mais significativas presentes em cada número, visando proporcionar elementos ao leitor desejoso de uma pesquisa posterior mais aprofundada.

Revista da Febrap, ano 1, n. 1, sem data, publicada em São Paulo – SP.

Editorial assinado por Laís Machado.

Capa reproduz tela de Ivald Granato (de 1977) e ilustrações de Vera Rodrigues.

Editores: Ivald Granato e Massao Ohno.

Na contracapa está anunciado o I Congresso Brasileiro de Psicodrama, que ocorreria de 24 a 28 de maio de 1978, em Serra Negra.

Revista da Febrap, ano 1, n. 2, sem data, publicada em São Paulo – SP.

Editorial assinado por Laís Z. Machado e Alfredo Naffah Neto, que aparecem também como Comissão de Publicação do I Congresso Brasileiro de Psicodrama.

Capa reproduz tela de Antonio Peticov (1975).

A produção é de Ivald Granato, que novamente com Massao Ohono aparece como editor.

O número publica trabalhos apresentados no I Congresso Brasileiro de Psicodrama, realizado em maio de 1978.

Devanir Merengué

Revista da Febrap, ano 2, n. 1, sem data, supostamente em Porto Alegre – RS.

Editorial na página 5 não é assinado.

Na página 3 aparecem os nomes de Duse Teiteiroit, Nédio Seminotti, Suzana Duclós e José T. Diefenthaeler como membros do Conselho Editorial.

A capa reproduz fotografia de Wlademir Pereira Neto.

Na contracapa está anunciada a realização do II Congresso Brasileiro de Psicodrama, que ocorreria próximo de Gramado – RS (na verdade, em Canela), de 4 a 8 de junho de 1980.

Revista da Febrap, ano 2, n. 2, maio de 1980, supostamente em Porto Alegre – RS.

Editorial assinado por Flávio Pinto, presidente da Federação Brasileira de Psicodrama na época.

Na página 3 aparecem os nomes de Nédio Seminotti, Suzana Duclós e José T. Diefenthaeler como membros do Conselho Editorial.

A tiragem é de 1.500 exemplares.

Desenhos da capa de Silvana e Ligia Beatriz Echenique Becker.

Revista da Febrap, ano 3, n. 1, dezembro de 1980, supostamente em Porto Alegre – RS.

O editorial é assinado pelo Conselho Editorial (os mesmos nomes do número anterior) e se chama *À guisa de uma despedida*, referindo-se ao término do mandato da gestão no Sul do país, encabeçada por Flávio S. Pinto.

A tiragem é de 750 exemplares.

A capa é uma *montagem das capas até então publicadas* (página 3).

UMA HISTÓRIA DA *REVISTA BRASILEIRA DE PSICODRAMA*: A VIAGEM...

Esse número, segundo nota do editorial, "coincide com a publicação dos Anais do II Congresso Brasileiro de Psicodrama", em Canela – RS.

Revista da Febrap, ano 4, n. 1, sem data, supostamente em Curitiba – PR.

O editorial da página 3 não contém assinatura. Os nomes de João Batista Fortes de Oliveira, Jorge Teles e Mariza Silva constam como pertencentes ao Conselho Editorial. Na contracapa está anunciado o III Congresso Brasileiro de Psicodrama, que ocorreria em Caiobá – PR, de 8 a 12 de outubro de 1982.

Revista da Febrap, ano 5, n. 1, sem data, com redação em Campinas – SP.

O editorial é assinado pelo Conselho Editorial, formado por Moysés de Aguiar, Anita Cecília Lofrano Paladini e Antonia Maria de Almeida Camargo. O referido editorial informa que esse número publica trabalhos apresentados como *temas livres* no III Congresso Brasileiro de Psicodrama, ocorrido em Caiobá.

Revista da Febrap, ano 6, n. 1, sem data, com redação em Campinas – SP.

O editorial é assinado pelo Conselho Editorial, formado pelos mesmos nomes que aparecem no número anterior, dando conta de que com esse volume fica encerrada a publicação dos trabalhos apresentados em Caiobá. A capa mostra uma foto do Hotel Majestic, em Águas de Lindóia, com a inscrição *IV Congresso Brasileiro de Psicodrama.*

DEVANIR MERENGUÉ

Revista da Febrap, ano 6, n. 2, sem data, com redação em Campinas – SP.

O mesmo Conselho Editorial na página 4 anuncia que essa edição circulará no IV Congresso Brasileiro de Psicodrama, que aconteceria em Águas de Lindóia – SP (sabemos que aconteceu de 13 a 16 de junho de 1984).
A capa traz a foto de Moreno.

Revista da Febrap, ano 7, ns. 1, 2, 3 e 4, Campinas – SP.

O mesmo Conselho Editorial que publicou os números anteriores produzem os Anais do IV Congresso Brasileiro de Psicodrama, reproduzindo todo o conteúdo científico apresentado.
No número 1, em uma *Carta ao leitor,* o presidente da Febrap na gestão 1983–1984, José Carlos Landini, apresenta os quatro volumes.

Revista Brasileira de Psicodrama, ano I, n. 1, primeiro semestre de 1990.

Um texto de abertura com o título *Não se espante por eu ser assim tão pequenina e magrinha* funciona como apresentação da nova fase da rbp.
A Comissão Editorial é coordenada por Moysés Aguiar.
A capa mostra um desenho do rosto de Jacob Levy Moreno.

Revista Brasileira de Psicodrama, ano I, n. 2, segundo semestre de 1990.

Novamente um texto de abertura *Estou eu aqui, de novo* funciona como editorial no novo número coordenado pela mesma Comissão Editorial do número 1.
A capa traz uma foto do psicodramatista Antônio Marcello Campedelli, falecido em setembro de 1989, cuja vida e obra são comentadas por José Roberto A. S. Wolff.
Esse número tem 68 páginas.

UMA HISTÓRIA DA *Revista Brasileira de Psicodrama*: A VIAGEM...

A partir de 1994, a *Revista Brasileira de Psicodrama*, depois de um período sem publicação, inicia uma carreira de estabilidade com a publicação de um número a cada semestre até o presente momento. Em uma primeira e grande fase que vai até o primeiro semestre de 2005, sob a coordenação editorial de Wilson Castello de Almeida, tendo Murillo Viotti como diretor de publicação, a RBP ganhou prestígio na comunidade psicodramática pela regularidade da publicação e maior qualidade de seus artigos pelo bonito projeto gráfico. As diferentes seções da RBP aparecem nos novos números.

A RBP ganhou projeto gráfico de Luiz Fernando Perazzo, retomado anos mais tarde pelo artista Caetano de Almeida, que lhe conferiu um visual agradável e moderno. O desenho da máscara elaborado por Perazzo marcou esteticamente a publicação durante todos esses anos. Esse mesmo desenho foi retrabalhado por Lia Assumpção, produzindo criativas capas até o ano de 2005.

Durante esse período (1994–2005), um Conselho Editorial composto por psicodramatistas brasileiros figura nas primeiras páginas da RBP. Um Conselho Consultivo *ad hoc*, no qual constam nomes de importantes psicodramatistas brasileiros, cujos títulos acadêmicos garantem evidente notoriedade, foi também constituído.

Nesse período ainda foi indexada pela Periódicos e pelo Conselho Federal de Psicologia (PSY). A RBP foi filiada na Associação Brasileira de Editores Científicos (ABEC) e recebeu catalogação no Sindicato Nacional dos Editores de Livros – RJ.

Um catálogo com todos os artigos publicados nos primeiros dez anos da RBP foi produzido, facilitando a consulta do leitor. Também ficou facilitado ao leitor o acesso por meio de assinaturas feitas anualmente.

Os Anais dos Congressos Brasileiros de Psicodrama realizados nesses anos foram produzidos pelas diversas comissões científicas desses eventos. A *Revista Brasileira de Psicodrama* ganha identidade, assim como os Anais dos diversos congressos (nas últimas edições já não mais impressos em papel, e sim disponibilizados em CD-ROM).

A *Revista Brasileira de Psicodrama*, a partir do volume 13, número 2, ano de 2005, ganha novo editor, Devanir Merengué, nova diretora de publicação, Maria do Carmo E. Mazzotta, assim como novo Conselho Editorial. No final do ano de 2007 será publicado o volume 15, número 2. A produção da RBP passa a acontecer em Campinas – SP. As alterações gráficas acontecidas com essas mudanças, embora consideráveis, não alteram o formato, nem a diagramação. As capas, com o passar dos números, ganham um maior colorido.

Dentre os fatos mais importantes desse período devemos assinalar especialmente:

- o uso da Internet para divulgação da RBP, assim como a comunicação com autores e leitores por meio de e-mails, o que tem facilitado imensamente esse trânsito;
- a publicação de um número bilíngüe (v. 14, n. 1, 2006), lançado durante o congresso em São Paulo;
- a produção de números com seções de temáticas contemporâneas.

REFLEXÕES A TÍTULO DE DESPEDIDA

Júlia Maria Casulari Motta

COMPARTILHANDO MINHAS IMPRESSÕES DA VIAGEM

Caros leitores (as),

Ao final desta viagem sinto-me alimentada pela nossa história. Vejo quantas paisagens percorremos, quantos encontros e desencontros vivemos. Emociono-me com as múltiplas cenas, com as aventuras espontâneas que nossa comunidade psicodramática criou.

Brigamos, fizemos as pazes, nos agrupamos, nos isolamos, organizamos congressos, criamos a revista, fizemos a Febrap acontecer, nos espalhamos por este Brasil afora acreditando na utopia moreniana. Muitos pontos se destacaram. A cada um de nós caberá, agora, separar as coisas que nos fazem maior sentido.

Esperamos que este pequeno-grande livro, construído a tantas mãos, nos traga novas reflexões, nos alimente com no-

JÚLIA MARIA CASULARI MOTTA

vas verdades históricas, seja capaz de acionar nossa memória em busca de novos sentidos.

Temos muito o que estudar, aprender, transformar.

Olhando o cenário amplo da história, vemos as várias teorias sociopsicológicas que chegaram aqui, na mesma época do psicodrama, e muitas se fragmentaram por não terem conseguido uma organização do movimento; ficaram envolvidas pelas ondas da modernidade.

Por isso, termos nos organizado em associação nacional nos trouxe importantes benefícios. Essa realidade vem nos permitindo um reconhecimento social que podemos chamar de fruto da constituição do campo do movimento psicodramático.

Luzes nos acenam com a possibilidade de profissionalização. No entanto, hoje, ainda somos um adjetivo de profissão. Vivemos o momento de transformar essa especialização regida pela federação em uma especialização administrada pelo Estado, por meio do MEC.

Para outras nações, somos reconhecidos como a *maior comunidade psicodramática organizada do mundo*. Como vimos no Capítulo VII, temos feito congressos nacionais bianuais desde 1978, sem interrupções. Produzimos nossa revista desde 1978, analisada no Capítulo VIII. Dentro da estrutura da Febrap, mantemos um Fórum Gestor como órgão de representatividade das federadas. É um esforço de construção de uma estrutura de poder compartilhado. Publicamos sistematicamente livros e artigos em diversos periódicos nacionais e internacionais. Alguns psicodramatistas são convidados para ministrar aulas, dirigir sociopsicodramas, participar de mesas-redondas em congressos e escolas de vários países.

REFLEXÕES A TÍTULO DE DESPEDIDA

Vários outros pontos podem ser destacados no compartilhar de cada leitor. Aos meus olhos, a maior atenção, neste momento, precisa estar nos seguintes pontos:

1. Na pouca participação das federadas nas três reuniões anuais do Fórum Gestor, em que são decididos os principais assuntos da federação.
2. No perfil das federadas que passa de *sem fins lucrativos* para a maioria *com fins lucrativos* – são escolas particulares.
3. Na ampliação da formação dos professores.
4. Na realidade do Brasil que gera um chamamento do social para abordagens de grupo, que produz a crise dos consultórios, no perigo de transposições de leituras clínicas para o social.
5. Nos grupos que acreditam que o *psicodrama pode tudo*, que estudando psicodrama não se precisa estudar outras ciências. Nos grupos que juntam, sem critérios claros, o psicodrama a outras abordagens, com perigo de fazerem um *samba do crioulo doido*.
6. Na mudança nos cursos regidos pela federação para legislado pelo Estado. Na pressa de (re)formar os cursos, adaptando-os às exigências da Academia.
7. Na falta de pesquisas que avaliem constantemente nosso caminho e nosso caminhar.

Psicodrama brasileiro: história e memórias é a mais ampla pesquisa histórica feita até agora para contribuir com a nossa reflexão.

Que outras venham!

IMPRESSO NA
sumago gráfica editorial ltda
rua itauna, 789 vila maria
02111-031 são paulo sp
telefax 11 **6955 5636**
sumago@terra.com.br